BIBLIOTHEQUE
DE
CAMPAGNE.

Ce Volume contient :

Histoire de Jonathan-Wild.

BIBLIOTHEQUE DE CAMPAGNE, OU LES AMUSEMENS DU CŒUR ET DE L'ESPRIT.

TOME XV.

A AMSTERDAM,

Et ſe trouve

A PARIS,

Chez la Veuve DUCHESNE, Libraire, rue S. Jacques, au Temple du Goût.

HISTOIRE
DE
JONATHAN WILD
LE GRAND.

TOME PREMIER.

HISTOIRE DE JONATHAN WILD LE GRAND,

TRADUITE DE L'ANGLOIS

DE M. FIELDING,

AUTEUR DE JOSEPH ANDREWS, ET DE TOM JONES.

TOME PREMIER.

A LONDRES;

Et se trouve à Paris,

Chez DUCHESNE, Libraire, rue Saint-Jacques, au-dessous de la Fontaine Saint-Benoît. au Temple du Goût.

M. DCC. LXIII.

AVERTISSEMENT.

LE nom de M. Fielding eſt avantageuſement connu dans la Littérature ; ſes productions ont été reçues en Angleterre avec applaudiſſement, & on leur a fait parmi nous l'accueil le plus favorable.

L'ouvrage que nous offrons au Public eſt d'un genre ſingulier. L'Auteur, ſous le voile de l'ironie, cherche à déſabuſer les hommes des idées fauſſes, & preſque toujours dangereuſes, qu'ils ſe forment communément de la grandeur.

Nul homme n'eſt véritablement grand, s'il ne s'occupe conſtamment à faire, autant qu'il eſt en lui, le bonheur de ſes ſemblables. D'après ce principe, que deviennent, pour la plupart, les Héros de tous les ſiecles ? Perſonne ne mérite moins qu'eux les titres dont les décorent ſi ſouvent l'ignorance ou la flatterie. Alexandre (1) & Céſar n'étoient que des monſtres, nés pour le malheur de

(1) . . . Cet écervelé, qui mit l'Aſie en cendre.

. . . .

Heureux ſi, de ſon tems, pour cent bonnes raiſons,
La Macédoine eût eu des Petites Maiſons,
Et qu'un ſage Tuteur l'eût en cette demeure,
Par avis de Parens, enfermé de bonne heure !

Boileau, Satyre VIII.

l'humanité. Octave même, dont le regne nous paroît si glorieux, ne fut, dans ses premieres années, qu'un Tigre alteré de sang, & malgré l'éclat de ses victoires;

Il n'eut point eu le nom d'Auguste,
Sans cet empire heureux & juste
Qui fit oublier ses fureurs.

M. Fielding saisit, en passant, toutes les occasions de relever d'une maniere indirecte les défauts ou les ridicules de ses compatriotes. Les préjugés, le mauvais goût, l'esprit de parti, sont généralement l'objet de sa censure.

Nous nous sommes attachés à rendre ses pensées aussi fidelement qu'il nous a été possible; cependant, comme nous écrivons pour des Lecteurs François, nous avons été quelquefois forcés de retrancher ou d'abréger des détails, qui auroient pû leur paroître ou trop longs, ou trop peu intéressans.

Le but de l'Historien Anglois étoit d'instruire & de plaire : il a réussi. Nous avons le même but : mais nous craignons, avec raison, de ne point avoir le même succès; & nous ne saurions nous dissimuler, que, malgré tous nos efforts, notre traduction n'est qu'une très foible copie d'un excellent original.

TABLE DES CHAPITRES

Contenus dans tout l'Ouvrage.

TOME PREMIER.

LIVRE PREMIER.

CHAPITRE I. *Combien il est important de conserver à la postérité les belles actions de ces Etres merveilleux, que produit quelquefois la Nature, & qu'on appelle Grands Hommes.* page 1

CHAP. II. *Quels étoient les ancêtres de notre Héros, autant qu'on a pû les déterrer en fouillant avec soin dans les ténébres de l'Antiquité.* 10

CHAP. III. *Naissance de Jonathan*

Wild, dit le Grand, ses parens, son education. 17

CHAP. IV. *Entrée de Wild dans le monde; il fait connoissance avec le Comte la Ruse.* 28

CHAP. V. *Le jeune Wild & le Comte la Ruse ont ensemble une conversation qui se termine d'une maniere tranquille, aisée & naturelle.* 36

CHAP. VI. *Nouvelle conférence entre le Comte & Wild; matieres interessantes & traitées dans le genre sublime.* 52

CHAP. VII. *Wild, après avoir voyagé, revient chez lui. Chapitre assez court, & qui renferme plus de tems & moins de matieres qu'aucun autre de cette histoire.* 59

CHAP. VIII. *Exemple étonnant de grandeur d'ame.* 64

CHAP. IX. *Wild rend visite à Mademoiselle Lettice Snap. Portrait de cette jeune personne. Mauvais succès des tentatives de M. Wild.* 73

CHAP. X. *Conduite étrange de la chaste Lettice. Découverte, qui doit surprendre, & qui peut même affecter le Lecteur.* 79

CHAP. XI. *Nouveau trait de magnanimité aussi noble & aussi sublime qu'on puisse en trouver dans les histoires anciennes ou modernes. Avis utile aux jeunes gens qui aiment à se divertir.* 85

CHAP. XII. *Particularités, qui peut-être ne surprendront gueres, après ce qu'on sait déja de Mademoiselle Lettice. Portrait d'un joli homme. Dialogue dans lequel on traite du droit public, aussi bien que de, &c.* 93

CHAP. XIII. *Dont nous sommes extrêmement jaloux, & que nous regardons en effet comme notre chef-*

d'œuvre. Histoire étonnante touchant le Diable. Discussion délicate sur l'honneur. 102

CHAP. XIV. *Suite de l'aventure précédente.* 113

LIVRE SECOND.

CHAP. I. *Caractere des gens simples. Usages auxquels ils sont destinés.* 127

CHAP. II. *Wild, avec sa magnanimité ordinaire, dupe Bagshot, & imagine un stratagême admirable pour dévaliser Francœur, par le moyen du Comte, & pour priver le Comte de sa part du butin.* 137

CHAP. III. *Rencontre imprévue. Entretien galant. Situation délicate, le tout accompagné de sentimens héroïques.* 147

CHAP. IV. *Wild, après bien des recherches inutiles, fait sur son mal-*

heur un discours moral, qui, s'il est bien entendu, peut servir de modele dans le besoin. 162

CHAP: V. *Aventures surprenantes, & dont notre Héros vient heureusement à bout.* 169

CHAP. VI. *Des Chapeaux.* 183

CHAP. VII. *Suites naturelles des liaisons que les gens du peuple osent entretenir avec les Grands Hommes. Lettres qui peuvent servir de* Protocoles *pour répondre aux demendes d'un créancier indiscret.* 189

CHAP. VIII. *Notre Héros porte la magnanimité aussi loin qu'elle peut aller.* 199

CHAP. IX. *Grandeur de Wild. Scene triviale entre Madame Francœur & ses enfans. Projet étonnant, & digne de la plus grande admiration.* 209

CHAP. X. *Voyage sur mer. Aventures neuves & surprenantes.* 217

CHAP. XI. *Conduite merveilleuse de Wild dans la chaloupe.* 224

CHAP. XII. *Des proverbes. Morceau curieux, & qui renferme la plus fine Littérature.* 230

CHAP. XIII. *Notre Héros échappe à la mort, d'une maniere étrange & cependant naturelle.* 235

CHAP. XIV. *Conclusion de l'aventure de la chaloupe. Fin du second Livre.* 241

TOME SECOND.

LIVRE TROISIEME.

CHAPITRE I. *Pitoyable conduite de Francœur. Etourderie de son Apprentif.* page 1

CHAP. II. *Soliloque de Francœur. Dis-*

cours rampant, & dans lequel on auroit bien de la peine à trouver un seul mot de grandeur. 9

CHAP. III. *Notre Héros s'avance à pas de géant dans les sentiers de la grandeur.* 21

CHAP. IV. *Un jeune Héros de la plus grande espérance paroît pour la premiere fois sur la scene. Matieres utiles & instructives.* 29

CHAP. V. *Gandeur telle qu'il ne s'en trouve point de pareille dans l'Histoire, ni même dans les Romans.* 36

CHAP. VI. *Suite de l'expédition de Fireblood. Traité de mariage qui auroit pû se conclure à Smithfield, ou dans le Parc de S. James.* 47

CHAP. VII. *Préliminaires du mariage de M. Jonathan Wild avec la chaste Lettice.* 57

CHAP. VIII. *Dialogue* matrimonial *entre Jonathan Wild, Ecuyer, &*

Lettice sa femme, le matin du quinzieme jour après leur mariage, & qui finit d'une maniere plus amicale, qu'on n'auroit osé l'attendre. 65

CHAP. IX. *Observations sur le discours précédent. Il se trame contre notre Héros un complot capable de faire trembler quiconque auroit quelque penchant pour la grandeur.* 79

CHAP. X. *Wild, par une générosité sans exemple, va voir Francœur. Il en est reçu d'une maniere assez désagréable.* 89

CHAP. XI. *Projet si profondément pensé, qu'il feroit honte à tous les Politiques de notre tems. Digression & sousdigression.* 99

CHAP. XII. *Eloge des Commissaires de quartier, &c. Nouvelles extravagances de Friendly.* 105

CHAP. XIII. *Faits particuliers concernant Fireblood. Accident qui ne ſauroit manquer d'intéreſſer le Lecteur pour une des Demoiſelles Snap.* 113

CHAP. XIV. *Diſcours éloquent & digne de remarque. Conduite peu naturelle d'un des compagnons de Wild.* 121

LIVRE QUATRIEME.

CHAP. I. *Sentimens du Chapelain de Newgate. Maximes dignes d'être écrites en lettres d'or. Éxravagance de Friendly. Accident épouvantable.* 135

CHAP. II. *Avis ſur l'ingratitude du peuple. Arrivée de M. Wild dans le Château. Evenemens qui ne ſe trouvent dans aucune autre hiſtoire.* 147

CHAP. III. *Suite d'anecdotes relatives à l'hiſtoire de Newgate.* 157

CHAP. IV. *Arrêt définitif contre Francœur. Wild laisse échapper dans cette circonstance quelques marques de foiblesse.* 170

CHAP. V. *Arrivée d'une personne qu'on n'attendoit gueres. Suites de cet évenement.* 177

CHAP. VI. *Explication de l'évenement précédent.* 186

CHAP. VII. *Aventures de Madame Francœur.* 193

CHAP. VIII. *Suite des aventures de Madame Francœur.* 209

CAAP. IX. *Evenemens inouis qui peuvent paroître incroyables à ceux qui n'ont pas lu beaucoup de voyages, & que le Lecteur est maître de croire ou de révoquer en doute.* 218

CHAP. X. *Surprise de Madame Francœur. Tentatives inutiles. Secours inesperé.* 229

CHAP. XI. *Bruit horrible, & quelle en étoit la cause.* 245

CHAP. XII. *Conclusion des aventures de Madame Francœur.* 255

CHAP. XIII. *Suite de l'histoire de Wild. Nouvelles considérations sur la grandeur.* 267

CHAP. XIV. *Dialogue entre le Chapelain de Newgate & M. Jonathan Wild. Matieres très-graves & savamment discutées.* 273

CHAP. XV. *Wild parvient au dernier point de la grandeur humaine.* 287

CHAP. XVI. *Caractere de Wild. Conclusion de cette histoire.* 299

Fin de la Table des Chapitres.

JONATHAN

JONATHAN WILD LE GRAND.

LIVRE PREMIER.

CHAPITRE PREMIER.

Combien il est important de conserver à la postérité les belles actions de ces Etres merveilleux, que produit quelquefois la Nature, & qu'on appelle Grands Hommes.

C'EST aux Grands Hommes que nous sommes redevables des évenemens les plus intéressans. Ce sont eux qui, après en avoir conçu le plan, les ont conduits à leur perfection : nous pouvons donc regarder leurs vies particulieres, comme le précis de toute l'Histoire. Ces sortes d'ouvrages, lorsqu'ils nous sont transmis par des écrivains habiles, nous amusent aussi agréablement, qu'ils nous instruisent. Nous n'y apprenons pas seulement à connoître les hommes en général, à démêler les ressorts qui les font agir, & les différens moyens qu'ils emploient pour parvenir à leur but ; nous y trouvons encore des exemples qui, bien mieux que tous les préceptes, nous montrent ce qui mérite notre admiration, ou notre haine ; ce que nous devons suivre ou éviter avec le plus grand soin.

Mais, non contens de nous peindre, de la maniere la plus sensible, la beauté de la vertu & la difformité du vice, Plutarque, Cornelius Nepos, Suetone, & ceux qui les ont imités, nous donnent encore dans leurs écrits une leçon fort utile : c'eſt de ne jamais louer ou blâmer perſonne à la hâte & ſans réflexion. Car nous voyons ſouvent dans le même caractere un tel mélange de bon & de mauvais, qu'il faut un jugement bien exquis & un coup-d'œil bien juſte, pour déterminer de quel côté doit pancher la balance. Pour un caractere décidé, tels que ceux d'Ariſtide, de Brutus, de Liſandre, ou de Néron, il s'en offre mille qui ne ſont, ni tout-à-fait bons, ni tout-à-fait mauvais, & dont les vertus & les vices ſont tellement compenſés, que les uns ſont en quelque façon effacés par les autres.

De cette eſpece étoit le perſonnage illuſtre dont nous entreprenons d'écrire l'hiſtoire. Quoiqu'il fût doué de qualités nobles & ſublimes, on ne ſauroit pourtant aſſurer qu'elles fuſſent abſolument pures & ſans mélange. Si nous n'enviſageons ce grand homme que ſous un certain jour, nous le trouverons égal, pour ne pas dire ſupérieur, à tout ce que l'Antiquité a jamais produit de plus célebre. Mais ſi nous tournons la médaille, il faut l'avouer, il ne ſera plus le même à nos yeux; & ſon caractere ſe ſentira plutôt de la foibleſſe d'un de nos Héros modernes, que de la grandeur uniforme des anciens.

Notre deſſein n'eſt point de donner dans ſa perſonne un modele parfait & accompli; mais en rapportant ſcrupuleuſement les légeres imperfections qui ont terni le luſtre de ſes belles qualités, nous offrirons au lecteur un fidele tableau de la fragilité humaine, & nous tâcherons d'exciter dans ſon ame une pitié salutaire, en le faisant convenir qu'il n'y a point de mortel qui, après un mûr examen, soit en tout genre un objet vraiment digne de notre admiration.

Mais avant que d'entamer cet ouvrage important, nous devons détruire, autant qu'il est en nous, quelques erreurs d'opinion que le genre humain n'a contractées, que par la mauvaise foi des historiens. Ces Messieurs, craignant d'attaquer ou de contredire la doctrine surannée d'une troupe de bonnes gens qu'on a appellés, sans doute par dérision, Sages ou Philosophes, ont fait tous leurs efforts pour confondre les idées de grandeur & de bonté; tandis qu'il n'y a peut-être pas deux choses qui soient plus distinctes l'une de l'autre, puisque la grandeur a pour but de causer aux hommes toutes sortes de maux, au lieu que la bonté consiste à les en garantir. Or, quoiqu'un Ecrivain, s'il veut être vrai, soit obligé de faire une peinture brillante de la premiere de ces qualités dans toutes les actions qu'il nous rapporte de son Héros, cependant il est toujours coupable, lorsque pour concilier son ouvrage avec cette doctrine absurde, il y mêle des réflexions qui alterent réellement la perfection de ce même Héros, en détruisant l'uniformité de son caractere. Rien, par exemple, n'est plus mal adroit que les éloges dont on releve ordinairement la clémence & la générosité d'Alexandre & de César. Le premier porte partout le fer & le feu, ravage un vaste Empire, fait périr un million d'innocens; & après des exploits aussi sublimes, on s'avise de lui faire honneur de n'avoir pas coupé la gorge à une vieille femme, & d'avoir eu assez de modération pour ne pas deshonorer de jeunes Princesses, dont il avoit causé tous les malheurs. César, plus magnanime encore, renverse la liberté de sa patrie, se baigne dans le sang de ses propres concitoyens, s'empare impunément de l'autorité souveraine; & parmi tant d'actions héroïques, on vient nous vanter sa conduite généreuse & bienfaisante à l'égard de ses amis, qui, après avoir favorisé ses desseins, pouvoient l'aider encore à affermir sa tyrannie.

Or, qui ne voit pas que ces qualités étrangeres doivent être regardées plutôt comme des imperfections, que comme un ornement dans ces Grands Hommes; qu'elles obscurcissent leur gloire; qu'elles les arrêtent au milieu de leur course, & qu'elles ne répondent en aucune façon à la fin pour laquelle ils semblent avoir été envoyés dans le monde, c'eſt-à-dire, pour y cauſer les plus grands déſordres ?

Nous eſperons que le Lecteur nous rendra témoignage, que nous ſommes fort éloignés de confondre de pareilles idées : car toutes les fois que nous avons eu à raconter les actions d'un Grand Homme, nous n'avons jamais parlé de quelque lueur de bonté qui paroiſſoit ou foiblement en lui, ou d'une maniere plus vive dans les autres, que comme d'une tache & d'un défaut qui le rendoient incapable de ces entrepriſes brillantes qui menent à l'honneur & à l'eſtime des hommes.

Comme nous ne trouvons dans notre Héros que fort peu de ces ſortes de foibleſſes, & ſeulement aſſez pour le faire participer à l'imperfection naturelle de l'humanité, nous nous sommes enhardis à le décorer du nom de Grand; & nous ne doutons point que le Lecteur, après avoir lû attentivement cette histoire, ne veuille bien concourir avec nous, à lui confirmer un titre qu'il a si bien mérité.

CHAPITRE II.

Quels étoient les ancêtres de notre Héros, autant qu'on a pû les déterrer en fouillant avec ſoin dans les ténebres de l'Antiquité.

JONATHAN *Wild* ou *Wyld*, car lui-même n'écrivoit pas toujours ſon nom d'une maniere uniforme, deſcendoit de *Wolfſtan Wild*, qui ſervit ſous *Hengiſt* (1), & ſe diſtingua particu-

(1) Hengiſt, Chef des Saxons, avoit trouvé moyen de s'établir dans la Province de Kent, malgré les oppoſitions de Vortigerne, Roi des Bretons. Dans le deſſein de s'agrandir, il fit ſemblant de ſe reconcilier avec ce Prince, & l'invita à un feſtin. Vortigerne s'y rendit accompagné de plus de trois cens de ſes principaux ſujets. Hengiſt le reçut avec des témoignages de reſpect & de cordialité,

sierement dans cette journée fameuse où les Bretons furent si indignement massacrés par la perfidie des Saxons : car, comme on avoit donné pour mot du guet, *nemet cour saxes*, *tirez vos épées*, ce Gentilhomme qui apparemment étoit un peu sourd, se trompa, & crut entendre *ne net her sacs*, *prenez leurs bourses* ; au lieu donc de s'amuser à égorger son voisin, il se mit sur-le-champ à fouiller dans ses poches, & se contenta de lui prendre ce qu'il avoit, sans attenter à sa vie.

Wild surnommé *Langfanger* ou plu-

qui charmerent les Seigneurs Bretons ; mais sur la fin du repas, à un certain signal que donna le perfide, tous ces braves gens furent massacrés ; le Roi ne put sauver sa vie qu'en cédant aux Saxons un grand pays dans le voisinage de celui qu'ils possédoient déja : ceci arriva vers l'an 474.

tôt *Langfinger*, fut encore un des ayeux de notre Héros : il florissoit sous le regne de Henri III (1), & étoit étroitement attaché *à Hubert du Bourg* (2) : il avoit gagné sa confiance par son habileté dans un art, dont Hubert avoit été lui même l'inventeur. Il savoit enlever adroitement une bourse sans que le propriétaire s'en apperçût, & c'est sans doute ce qui lui avoit fait donner son surnom (3). Il fut le premier de sa famille qui souffrit pour le bien de son pays. Un bel esprit de ce tems-là lui fit l'épitaphe suivante.

---

(1) Henri III, fils de Jean sans Terre, succéda à son pere en 1216 ; son regne fut extrement agité : il mourut âgé de 66 ans en 1272.

(2) Ministre de Henri III.

(3) Langfinger ou Langfanger, expression métaphorique qui signifie un habile fripon.

O honte pour la Justice ! Wild est pendu pour avoir pris la bourse d'un particulier, tandis que le vieil Hubert & ses pareils vuident impunément les poches de toute la nation.

Langfanger laissa un fils nommé Edouard, qu'il avoit instruit avec beaucoup de soin dans l'art qui l'avoit rendu si fameux lui-même. Cet Edouard servit en qualité de volontaire sous le célebre *Jean Falstaff* (1) ; & par sa bonne conduite, il se rendit si cher à son Capitaine, qu'il l'auroit certainement élevé à quelque poste éminent, si le Roi eût tenu à ce vieux Guerrier la parole qu'il lui avoit donnée.

---

(1) Guerrier fort connu dans l'histoire d'Angleterre, sous Henri IV, & l'un des Héros de Shakespear.

Après la mort d'Edouard, la famille rentra, pour ainsi dire, dans l'obscurité jusqu'au regne de Charles I. Ce fut alors que Jacques Wild se rendit recommandable dans les guerres civiles, en passant toujours successivement du côté pour lequel le Ciel sembloit se déclarer. A la fin des troubles, Jacques n'ayant point été récompensé comme il le méritoit, fit ce qu'en pareil cas ont coutume de faire les gens neutres ; il s'associa avec un brave homme nommé *Hind*, & déclara ouvertement la guerre aux deux partis. Il eut d'abord quelque succès ; mais enfin accablé par la multitude, il fut pris & condamné à une mort infâme par un Conseil de douze Officiers ennemis, qui après quelque délibération, & au mépris des loix de la guerre, conclurent unanimement à ce meurtre.

Jacques avoit épousé Rebecca, fille de Jean Hind; il en avoit eu quatre fils, Jean, Edouard, Thomas, Jonathan, & trois filles, qui furent nommées Grace, Charité, & Honneur. Jean suivit la fortune de son pere, périt avec lui, & ne laissa point de postérité. Edouard fut célebre par son caractere compatissant, & passa toute sa vie à solliciter les causes des pauvres prisonniers de Newgate (1): on rapporte qu'il fut lié de l'amitié la plus intime avec un fameux Docteur qui dirigeoit ces mêmes prisonniers pour le spirituel. Il avoit épousé Editha, fille & héritiere en partie de Geoffroy Snap, qui, sous le Grand Cherif (2) de Londres & de Midlesex

(1) Newgate (porte neuve), prison de Londres.

(2) Cherif, ou Sherif, espece de Magistrat annuel en Angleterre, & dont les fonctions répondent à peu-près à celles de Prevôt de l'*Isle* en France.

avoit joui pendant long-tems d'un Office, par le moyen duquel il s'étoit acquis une grande réputation & une fortune honnête. Edouard n'eut point d'enfans. Thomas fut transporté tout jeune encore dans une de nos Colonies en Amérique; on n'en a point entendu parler depuis. Pour les filles, Grace & Charité épouserent, l'une un brave Maquignon de la Province d'York; l'autre un riche Fripier de la rue du Change; & Honneur, la plus jeune de toutes, mourut sans avoir été mariée. Elle avoit long-tems vécu à Londres, elle fréquentoit ordinairement les Spectacles, & y distribuoit pour de l'argent des oranges à tous ceux qui vouloient bien en accepter.

Jonathan prit pour femme Elisabeth, fille de Ralph Hollow, Ecuyer; il en eut un fils qui fut aussi nommé Jonathan, & qui est l'illustre sujet de ces Mémoires.

CHAPITRE III.

Naissance de Jonathan Wild, dit le Grand, ses parens, son éducation.

ON remarque que la nature produit rarement un homme qui dans la suite doive jouer un grand rolle sur le théâtre du monde, qu'elle ne l'annonce auparavant par quelques prodiges. Semblable à un Poète Dramatique, qui ne manque jamais de préparer l'entrée de certains personnages considérables, par une narration pompeuse, ou du moins par une aubade de tambours & de trompettes, notre bonne mere commune nous donne presque toujours d'avance quelques marques sensibles des desseins qu'elle a formés. Ainsi, Astiagès, grand pere de Cyrus, ſongea que ſa fille avoit enfanté une vigne, dont les branches couvroient toute l'Aſie; ainſi Hecube, mere de Paris, avoit ſongé, pendant ſa groſſeſſe, qu'elle étoit accouchée d'un flambeau qui embrâſoit la Ville de Troye: ainſi, Madame Wild, dans les mêmes circonſtances, rêva qu'elle avoit eu pendant la nuit la compagnie de Mercure, & du Dieu des jardins. Ce ſonge embarraſſa les meilleurs Aſtrologues du pays. Il paroiſſoit impliquer contradiction, l'un de ces Dieux étant le protecteur de l'induſtrie, & l'autre la terreur de ceux qui la mettent en pratique. Un incident qui mérite d'être rapporté, & qui marquoit aſſez qu'il y avoit dans ce rêve quelque choſe de ſurnaturel, le rend encore plus merveilleux. Cette femme qui n'avoit jamais entendu proférer les noms de ces Divinités, les répeta ſi parfaitement le matin, qu'elle ne fit en prononçant le dernier qu'une légere faute de quantité. Son mari convint qu'il pouvoit bien lui avoir nommé Mercure, parcequ'il avoit oui parler de ce Dieu du Paganiſme : mais il jura qu'il ne lui avoit jamais dit un mot de l'autre Divinité, dont il n'avoit abſolument aucune connoiſſance. Un autre pronoſtic bien digne de notre admiration, c'eſt que cette Dame, pendant qu'elle étoit enceinte, avoit envie de tout ce qu'elle voyoit ; & comme, ſelon le témoignage des meilleurs obſervateurs de la Nature, elle ne nous donne aucun goût, ſans nous donner les moyens de les ſatisfaire, Madame Wild avoit alors dans les doigts une certaine faculté attractive, à laquelle s'attachoit aiſément tout ce qu'elle avoit touché. Pour ne pas répeter ici beaucoup d'autres faits, qui ne ſont peut-être fondés que ſur le préjugé, nous allons paſſer à la naiſſance de notre Héros ; qui parut tout-à-coup ſur la ſcene, le jour même que la peſte commença à ſe faire ſentir pour la premiere fois en 1665. Quelques-uns prétendent que ſa mere en accoucha dans une de ces maiſons de forme ronde (1) qui ſe trouvent dans *Covent Garden*. Mais nous n'avons ſur ce fait aucune certitude : il fut baptiſé quelques années après par le fameux *Titus Oates* (2).

Il ne ſe paſſa rien de bien extraordinaire pendant ſon enfance, ſi ce n'eſt que les lettres Th (3), qui en Anglois ſont fort difficiles à prononcer, & dont les enfans ne viennent à

(1) Round houſe, eſpece de corps de garde. Priſon du Guet.

(2) Fameux ſcélérat.

(3) Th. premieres lettres du mot *Thief*, qui ſignifie un voleur.

bout qu'avec bien de la peine, il les prononça la premiere fois qu'il les vit avec une facilité ſurprenante. Il donnoit de tems en tems des marques prématurées de la douceur de ſon caractere : car quoiqu'il ne fût pas poſſible de le porter à la moindre complaiſance par la terreur & les menaces, on lui faiſoit faire avec un morceau de ſucre tout ce qu'on vouloit; une bagatelle ſuffiſoit pour le corrompre, ce qui faiſoit dire à bien des gens, qu'il étoit né pour être un grand homme.

A peine l'avoit-on mis à l'école, qu'il laiſſa échaper des traits qui décéloient une ame noble, & qui aſpiroit au grand. Tous ſes camarades le traitoient avec cette déférence, que les hommes ont généralement pour les génies ſupérieurs. S'il s'agiſſoit de piller un jardin, on conſultoit Wild. Il ſe mêloit rarement de l'exécution;

mais il étoit toujours l'ame du complot, & le dépositaire du larcin. Si quelqu'un s'avisoit de vouloir friponner de son chef sans l'en avertir, & sans déposer le vol entre ses mains, le maître le savoit aussi-tôt, & le pauvre écolier étoit sûr d'en être sévérement puni.

Il montroit pour l'étude la répugnance la plus marquée : toute espece de travail étoit un tourment pour lui. Son maître, homme de bon sens & de mérite, le dispensa bientôt de toute peine à cet égard, & tandis qu'il assuroit à ses parens qu'il faisoit les plus grands progrès, il lui permettoit de se livrer entiérement à ses inclinations, parcequ'il sentoit bien qu'elles le porteroient vers des objets plus nobles que les sciences, qui, comme on en convient généralement, ne rendent aucun profit, & ne sont propres qu'à empêcher un galant homme de s'avancer dans le monde.

Mais, si le jeune Wild le cédoit à ses camarades quand il s'agissoit d'étudier, il n'y en avoit pas un seul qui fût plus habile en friponnerie; & ce qu'il y a d'étonnant, c'est que dans ces petits tours d'escroc qu'il imaginoit pour exercer ses talens, il ne fut jamais découvert qu'une seule fois, qu'il avoit escamoté un livre intitulé *Gradus ad Parnassum*, c'est-à-dire, *dégrés qui conduisent au Parnasse.* On rapporte qu'à cette occasion, son maître, qui, comme nous l'avons déja vû, étoit un homme d'un esprit prodigieux, & d'une sagacité surprenante, lui dit qu'il souhaitoit que ce livre pût devenir un jour pour lui *Gradus ad Patibulum*, des dégrés qui le conduisissent au Gibet.

Quoique notre Héros méprisât l'étude des langues savantes, il écoutoit cependant les autres écoliers avec beaucoup d'attention, sur-tout lorsqu'on expliquoit certains endroits des auteurs classiques. Il ne manquoit pas alors de marquer de tems en tems son approbation par les signes les moins équivoques ; il prenoit, par exemple, un plaisir singulier à ce passage de l'Iliade (1), où il est dit qu'Achilles attacha sur une montagne deux des enfans de Priam, & qu'ensuite il les relâcha pour une somme d'argent : cela seul, disoit-il, suffiroit pour réfuter ceux qui affectent tant de mépris pour la sagesse des anciens, & pourroit prouver d'une maniere indubitable la grande antiquité *du friponisme*. Il étoit charmé du récit que fait Nestor dans ce même livre, du

(1) Iliad, liv. XI.

butin

butin qu'il avoit enlevé, c'eſt-à-dire, volé aux Eléens ; il ſe le faiſoit ſouvent répeter, & à la fin de chaque répétition, il pouſſoit un profond ſoupir, en diſant : c'étoit-là un butin bien glorieux.

Quand on liſoit devant lui l'hiſtoire de Cacus (1), il prenoit généreuſement pitié du ſort infortuné de ce grand homme, & prétendoit qu'Hercule, en le puniſſant, avoit pouſſé trop loin le reſſentiment & la cruauté : comme un jour un de ſes camarades faiſoit valoir beaucoup la dextérité de ce voleur, en tirant par la queue dans ſa caverne les bœufs qu'il avoit dérobés, il ſe mit à rire, & dit d'un air dédaigneux qu'il auroit pû lui apprendre encore un meilleur moyen.

(1) Enéide, liv. VIII.

Admirateur paſſionné des Héros, & ſurtout d'Alexandre, il faiſoit ſouvent le parallele de ce Prince avec le fameux Roi de Suede, Charles XII : il étoit comblé de joie quand il entendoit raconter la maniere dont le Czar avoit dépouillé de grandes Villes de leurs habitans pour peupler ſon propre pays. Alexandre, diſoit-il, ne lui a point appris cette méthode : ce Prince ne l'a jamais pratiquée: mais ajoutoit il, c'eſt peut-être parcequ'il n'en avoit pas beſoin.

Heureux s'il ne fut jamais ſorti de ſa ſphere ! Mais ſon principal défaut, pour ne pas dire le ſeul, étoit une certaine humilité naturelle, qui le portoit juſqu'à rechercher des choſes indignes de lui, & à ſe lier avec des perſonnes qui lui étoient fort inférieures. Il n'aimoit que les Romans groſſiers, & les Fourberies de Scapin étoient ſa piece favorite.

Ce jeune Gentilhomme étant parvenu à l'âge de dix-ſept ans, ſon pere, au grand préjudice des Univerſités, & par une attention trop ſcrupuleuſe pour ſes mœurs, le conduiſit à Londres, où il demeura juſqu'à ce qu'il fût en état de voyager. Pendant cet intervalle, on s'appliqua ſérieuſement à perfectionner ſon éducation, & ſon pere n'oublia rien pour lui inſpirer des principes d'honneur & de politeſſe.

CHAPITRE IV.

Entrée de Wild dans le monde ; il fait connoissance avec le Comte la Ruse.

UN accident qui survint peu de tems après son arrivée dans la Ville, lui épargna bien du travail, & le pourvut d'un Précepteur, que les soins & la dépense n'auroient jamais pû lui procurer. Le pere de Wild étoit en quelque façon attaché à la fortune de M. Snap, fils de feu M. Geoffroy, qui, comme nous l'avons dit, exerçoit un emploi honorable sous le Cherif de Londres & de Middlesex, & dont la fille avoit été mariée dans la maison des Wilds. M. Snap, muni d'une bonne Sentence de prise de corps, avoit arrêté un certain Comte la Ruse, qui faisoit alors une figure considérable, & l'avoit confiné dans sa maison (1), jusqu'à ce qu'il se trouvât deux cautions qui voulussent donner juridiquement leur parole, que le Comte répondroit au jour, & dans le lieu prescrits, à tout ce qu'un M. Thomas Thimble, Tailleur, auroit à objecter contre lui. Celui-ci prétendoit qu'en vertu de la loi du Royaume, le Comte avoit engagé son propre corps, pour sureté de quelques habits

(1) En Angleterre, lorsqu'un homme est arrêté pour dettes, ou pour quelque cause légere, il est le maître de choisir ou d'aller dans la prison commune, ou de rester, en payant une pension, chez celui qui l'a arrêté ; celui-ci répond de sa personne, & le tient renfermé dans sa maison, jusqu'à ce qu'il ait accommodé son affaire, soit en payant ses créanciers, soit en trouvant quelqu'un qui veuille bien lui servir de caution.

qu'il lui avoit fournis, & dont il n'avoit pas été payé. Or, comme le Comte, quoique fort honnête homme, n'avoit pû trouver sur-le-champ ses répondans, il s'étoit vu forcé de résider chez son nouvel hôte plus long-tems qu'il n'auroit voulu : car la loi, ce me semble, est telle, que quiconque doit dix livres sterlings (1) est exposé, sur le simple serment de son créancier, à se voir enlever de sa maison, arraché à sa famille, & conduit en prison pour y être détenu, jusqu'à ce qu'il vienne malgré lui au point de devoir cinquante guinées (2), & que, faute de pouvoir payer cette somme, il soit

(1) La livre sterling vaut à-peu-près 22 liv. de notre monnoie.

(2) La guinée vaut environ 23 liv. monnoie de France.

hors d'état de se procurer peut-être jamais son élargissement : & si par hasard ce serment se trouve faux, comme cela n'arrive que trop souvent, alors vous n'avez aucun recours contre le parjure ; il en est quitte pour dire qu'il s'étoit trompé.

M. Snap ne voulut pas, quoiqu'il y fût peut-être obligé par la loi de l'honneur, mettre en liberté le Comte sur sa bonne foi : mais il ne le renferma pas aussi étroitement qu'il l'auroit pû. Il lui permit d'aller & de venir dans toute la maison, & après avoir pris la précaution d'en bien fermer la porte, il tira parole de son prisonnier, qu'il ne chercheroit pas à en sortir.

M. Snap avoit eu d'une seconde femme deux filles, qui étoient alors au printems de leur âge & de leurs charmes. Ces jeunes Demoiselles aussi compatissantes que des héroïnes de Roman, eurent pitié du Comte, & chercherent tous les moyens de lui rendre sa détention moins insupportable; elles étoient toutes deux fort jolies, elles ne parvinrent cependant à le desennuyer, qu'en lui proposant de jouer aux cartes. On verra par la suite combien le Comte étoit habile dans ces sortes d'exercices : comme le Whsisk (1) étoit alors le jeu le plus à la mode, elles avoient nécessairement besoin d'un quatrieme acteur pour faire leur partie. Quelquefois M. Snap lui-même se délassoit par cet amusement des fatigues de son emploi; quelquefois un ami ou une Dame du quartier venoit à leur se-

---

(1) Jeu de cartes qui ressemble assez au Quadrille.

cours : mais celui qui leur tenoit plus fréquemment compagnie, étoit le jeune Wild, qui avoit été élevé avec Mesdemoiselles Snap, & que tout le voisinage regardoit comme l'époux futur de Lettice, la plus jeune des deux. Il est vrai qu'elle étoit sa cousine germaine, & que, pour une conscience un peu timorée, elle paroissoit lui tenir de trop près : mais les parens de part & d'autre, fort scrupuleux d'ailleurs, étoient convenus de ne pas s'inquiéter de cette bagatelle.

Les génies supérieurs se reconnoissent aussi aisément entre eux, que les Francs-Maçons. Le Comte dès le premier moment conçut l'inclination la plus tendre pour le jeune Wild, dont les vastes talens ne pouvoient échapper au discernement d'un homme aussi expérimenté : car quoiqu'il fût fort habile au jeu, ce n'étoit qu'un petit compagnon en comparaison de Wild, qui malgré tout l'art & la fortune de son adversaire, ne manquoit jamais de le renvoyer avec moins d'argent qu'il n'en avoit apporté. En effet, Langfanger lui-même n'auroit pas travaillé en ce genre avec plus d'adresse que notre jeune Héros.

Sa main avoit déja rendu de fréquentes visites à la poche du Comte, avant que celui-ci eût formé le moindre soupçon contre lui : il imputoit les pertes qu'il faisoit à quelque plaisanterie innocente & spirituelle de Mademoiselle Théodosée, fille aînée de M. Snap ; & comme elle le traitoit assez bien en particulier, il ne croyoit pas devoir s'en plaindre dans cette occasion. Mais un jour Wild imaginant que son ami dormoit, l'attaqua avec si peu de ménagement, qu'il fut pris ſur le fait. Le Comte diſſimula, eut ſoin de boutonner plus exactement ſes poches, & ſe remit à piper les cartes avec encore plus d'art qu'auparavant.

Loin que cet évenement fît naître quelque méſintelligence entre nos deux fripons, un pareil trait d'habileté frappa tellement le Comte, que malgré la diſproportion que l'âge, le titre, & ſurtout l'habillement, mettoient entr'eux, il réſolut de ſe lier plus intimement avec lui ; & cette liaiſon fut beaucoup plus durable qu'elle ne l'eſt ordinairement entre deux perſonnes qui ne ſe propoſent d'autres objets que de vivre aux dépens d'autrui.

CHAPITRE V.

Le jeune Wild & le Comte la Ruſe ont enſemble une converſation qui ſe termine d'une maniere tranquille, aiſée & naturelle.

UN ſoir après que tout le monde ſe fut retiré, le Comte, reſté ſeul avec Wild, lui parla ainſi: Votre mérite vous eſt, ſans doute, aſſez connu, pour que vous ne ſoyez pas ſurpris quand je vous avouerai combien j'y ſuis ſenſible. Fait, comme vous l'êtes, pour intéreſſer & pour plaire, il ſeroit triſte que des qualités auſſi brillantes que les vôtres, reſtaſſent plus long-tems reſſerrées dans une ſphere peu propre à frapper les yeux de ceux qui pourroient les faire valoir, & vous élever au période de grandeur auquel vous paroiſſez deſtiné. Non, je ne me plaindrai plus de ma priſon, puiſque je lui dois la connoiſſance, & j'oſe dire l'amitié du plus grand génie de notre ſiecle; mais ce qui flatte encore plus ma vanité, c'eſt que j'eſpere tirer de l'obſcurité, pardonnez-moi cette expreſſion, des talens qui, ſelon moi, n'auroient jamais dû y être enſevelis : car je ne fais nul doute qu'après ma délivrance, c'eſt-à-dire, inceſſamment, je ne ſois à portée de vous introduire dans une compagnie où vous pourrez recueillir le fruit de vos qualités éminentes.

Oui, Monſieur, je veux vous lier avec des gens, qui ne ſont pas ſeulement capables de ſentir tout le prix de ces belles qualités, mais qui auront auſſi le pouvoir & la volonté de vous les rendre utiles & fructueuſes.

Le parti que je vous propoſe, eſt le ſeul avantage qui vous manque, & ſans lequel votre mérite ne pourroit que vous être préjudiciable : car ces mêmes talens qui tourneroient à votre honneur & à votre profit dans une ſituation plus élevée, ne peuvent que vous expoſer au danger & à la miſere dans un état inférieur.

Je ſens, Monſieur, tout ce que je vous dois, lui dit Wild, pour le prix que vous mettez à mes foibles talens, & pour l'amitié que vous me marquez, en offrant de m'introduire parmi mes ſupérieurs. Mon pere a ſouvent voulu me perſuader de rechercher toujours la compagnie de gens au-deſſus de moi ; mais à parler franchement, je ſuis naturellement ſi vain, que j'aimerois mieux être le premier dans la claſſe la plus baſſe, que le dernier dans la plus élevée. Mon idée pourra vous paroître étrange, mais le haut d'un fumier me flatteroit bien plus que le bas d'une montagne, & même en Paradis. Peu, m'importe, quel soit ici-bas mon rôle, pourvu qu'il soit brillant : tout m'est égal, pourvu que je commande. Loin de convenir avec vous, que de grandes qualités puissent être ensevelies dans l'oubli, je soutiens la chose impossible, & suis très convaincu, que parmi les soldats d'Alexandre, il en étoit peut-être mille très capables de faire tout ce qu'on attribue à ce Héros : mais parceque ces braves gens n'avoient pas été destinés à commander, croira-t-on qu'ils n'aient fait aucun butin particulier, & qu'ils se soient toujours contentés de la portion qu'ils recevoient en commun avec leurs camarades ? Peut-on douter, que, dans la vie civile, le même génie & les mêmes inclinations n'aient souvent formé l'homme d'Etat, & le Chevalier d'industrie : (car nous appellons ainsi ce que le Vulgaire nomme improprement un voleur). Les mêmes qualités & les mêmes actions qui mettent les hommes à la tête des petites sociétés, les élevent souvent à celle des plus grandes & des plus puissantes. Y a-t-il quelque différence essentielle en ce que l'un termine ses jours à Tower-Hill, & l'autre à Tyburn (1) ? Le billot & la hache méritent-ils sur le gibet & la corde d'autre préférence que celle que leur donne un préjugé ridicule ? Daignez donc me pardonner si je ne me laisse pas si aisément séduire par l'extérieur des objets, & si je ne suis pas de l'opinion commune, en préférant un

(1) Tyburn est à Londres, ce qu'est à Paris la Place de Greve, & Tower-Hill est le lieu où l'on exécute les Seigneurs.

état à un autre. Une guinée n'eſt pas moins bonne dans un ſac de cuir, que dans une bourſe brodée, & un turbot eſt toujours turbot dans un plat d'étain, comme dans un plat d'argent.

Ce que vous venez de dire, répondit le Comte, ne diminue en rien l'idée que j'ai conçue de vous, & ne fait que me confirmer dans l'opinion où je ſuis ſur les effets pernicieux de la mauvaiſe compagnie. Peut-on douter ſérieuſement qu'il ne ſoit plus avantageux d'être un grand homme d'Etat, qu'un ſimple voleur? On m'a ſouvent raconté que Satan avoit coutume de dire, je ne ſais où, ni en quelle occaſion, qu'il valoit beaucoup mieux regner en Enfer, que d'être Valet de chambre en Paradis (1).

(1) In my choice
To reign is worth ambition, tho'in hell;
Better to reign in hell, than ſerve in heav'n.

Peut-être avoit-il ſes raiſons, mais ſoyez sûr que s'il en avoit eu le choix, ſans doute il n'eût pas pris le pire. Ce qu'il y a de vrai, c'eſt que par des liaiſons baſſes, nous attribuons aux grandes choſes plus de difficulté qu'elles n'en ont effectivement. Nous abandonnons un grand projet, moins par mépris, que par déſeſpoir. Un homme qui préfere le grand chemin à une façon plus diſtinguée de faire ſa fortune, n'en uſe ainſi que parce-qu'il s'imagine que l'un eſt plus aiſé que l'autre; mais vous convenez avec raiſon, que les mêmes talens nous rendent propres à tout entreprendre; que les mêmes moyens peuvent nous conduire à notre but, quelle que ſoit

---

J'aime mieux
Regner dans les Enfers, que ſervir dans les Cieux.

Milton, Paradis perdu, liv. 1. *v.* 261.

la route que nous prenions pour y arriver ; qu'il en eſt enfin comme dans la muſique, où un ton eſt toujours le même ſur la clef la plus haute & ſur la plus baſſe. N'eſt-ce pas, par exemple, la même habileté qui rend l'un capable de ſe mettre, pour ainſi dire, en ſervitude pour gagner la confiance de ſon maître & pour le dérober, qui fait que l'autre ſe charge des ſecrets les plus importans, dans le deſſein d'en abuſer & de les trahir ? Eſt-il moins difficile de tromper à fauſſes enſeignes un Marchand, & de lui enlever adroitement ſes marchandiſes, que de lui en impoſer par beaucoup d'éclat extérieur ? Faut-il moins de dextérité dans lesdoigts pour dérober à quelqu'un ſa bourſe & ſa montre, ſans que perſonne s'en apperçoive (en quoi j'oſe vous dire ſans flatterie, que vous brillez d'une maniere ſinguliere), que pour piper des dés, & pour arranger des cartes ? Faut-il moins d'art & moins de qualités ſupérieures pour exercer habilement l'emploi de portier ou de commiſſionnaire dans un mauvais lieu, que pour proſtituer ſa femme, ſes filles, ou celles de ſes amis ? Ne vous faut-il pas autant de mémoire, autant d'invention, autant d'aſſurance dans votre maintien pour rendre au Palais un faux témoignage, qu'il en faudroit pour former dans un Royaume deſpotique un excellent homme d'Etat, ou peut-être même un premier Miniſtre ? Il n'eſt pas néceſſaire d'en dire davantage : nous trouverons partout qu'il y a plus de connexité qu'on ne penſe entre les différentes conditions, & qu'un voleur de grand chemin eſt capable de faire beaucoup plus d'actions éclatantes, qu'il n'en rencontre ordinairement ſur ſa route. Si donc un homme, avec les mêmes taſens qui le rendent ſupérieur dans un cercle étroit & borné, peut acquérir les mêmes avantages dans une ſphere plus étendue, il ne balancera pas un moment, & aimera mieux, ſans doute, briller ſur un plus grand théâtre. L'ambition, ſans laquelle on ne ſauroit être un grand homme, lui apprendroit bientôt à préférer, pour me ſervir de vos expreſſions, le bas d'une montagne en Paradis, au ſommet d'un fumier. Je dis plus : la crainte, cette paſſion qui paroît ſi contraire à la grandeur, lui feroit voir combien il ſeroit plus ſûr pour lui d'exercer ſes talens dans un rang élevé, que dans une condition vile & abjecte ; puiſque l'expérience nous apprend qu'il y a plus de gens exécutés en un an à Tyburn, qu'à Tower-hill en un ſiecle.

J'avoue, reprit Wild, que les mêmes talens qui rendent un crocheteur de porte, un voleur de grand chemin, un filou de boutique, capables de parvenir à quelque dégré de supériorité dans leur profession, pourroient également élever un homme à ce que le monde décore d'un nom plus honorable. D'ailleurs, il est constant par la plupart de vos exemples, que ceux qui s'exercent dans le petit, ont besoin de beaucoup plus d'art & de génie, que ceux qui travaillent dans le grand. Si donc vous avez seulement prétendu qu'un Chevalier d'industrie pourroit être un homme d'État s'il le vouloit, je suis de votre avis : mais si vous voulez en conclure qu'il est de son intérêt de l'être ; que l'ambition doit le porter à faire ce choix ; en un mot, qu'un homme d'État est plus grand & plus heureux qu'un Chevalier d'industrie ; c'est ce dont je ne saurois convenir. En comparant ces deux conditions, nous devons éviter avec ſoin de nous laiſſer entrainer par l'opinion erronée du Vulgaire. Les hommes ſe trompent aiſément dans leurs jugemens ſur les choſes de cette nature ; ils ſont comme un Medecin, qui ſe bornant uniquement à obſerver les ſymptomes de la maladie, n'auroit aucun égard à l'âge & au tempérament du malade : ce qui n'eſt dans l'un qu'un dégré de chaleur ordinaire, peut être dans l'autre une fievre dangereuſe ; de même ce qui eſt un honneur pour moi, & ce que je regarde comme le comble des richeſſes, peut n'être pour un autre qu'indigence & que pauvreté. On ne doit eſtimer les choſes que relativement aux perſonnes qui les poſſedent. Un vol de dix livres eſt un objet auſſi conſidérable pour un voleur, que pourroit l'être un vol de pluſieurs milliers de piſtoles pour un homme en place. Le premier n'aura pas moins de plaisir à manger son argent avec des femmes & des gens de son espece, que le second à dépenser le sien en palais, en meubles, en tableaux. Mais, direz-vous, on flatte celui-ci, on l'admire, & tout retentit des applaudissemens qu'on lui prodigue. Eh ! qu'est-ce donc que la flatterie ? Qu'est-ce que ces complimens imposteurs, que font à un homme en place de vils courtisans, tandis qu'il est contraint de s'avouer à lui-mêmes ses bévues, & d'attribuer, malgré qu'il en ait, à la fortune tout l'honneur de ses succès ? Qu'est-ce que l'orgueil qui résulte de pareils applaudissemens, vis-à-vis de cette satisfaction secrette, dont jouit un fripon, lorsqu'il réfléchit à un plan bien imaginé, ou parfaitement exécuté ? Vous ajouterez peut-être, qu'il court de plus grands dangers : mais vous m'avouerez aussi qu'il croit acquérir

quérir plus d'honneur, j'entends de cet honneur qu'attribuent à l'un & à l'autre leurs partiſans & leurs admirateurs : car pour ceux qu'on appelle ſages, & qui, heureuſement, ne forment que la plus mince partie du genre humain, ils les envisagent tous deux ſous un jour également défavorable. Or, comme le Chevalier d'induſtrie jouit, ainſi qu'il le mérite, d'un plus haut dégré d'honneur, dans l'eſprit de ſa troupe, auſſi éprouve-t-il moins de diſgrace de la part du monde, qui croit que ſes crimes, comme on les appelle, ſont enfin ſuffiſamment punis par la corde, qui termine à la fois ſes jours & ſon infamie : au lieu que l'homme en place, quelque puiſſant qu'il ſoit, eſt ſouvent haï, & déteſté même après avoir été condamné à l'échaffaut. Que dis-je ? La poſtérité ne manque pas d'éxercer encore contre lui ſa médiſance, & de flétrir ſa réputation, tandis que l'autre repoſe en paix dans le ſein de l'oubli. D'ailleurs, eu égard à la conſcience, combien le fripon ne doit-il pas être tranquille, lorſqu'il ſe peut dire à lui-même, qu'il n'a enlevé à un étranger que quelques pieces de monnoie, ſans avoir fait grand tort à celui qui les a perdues; pendant que l'homme d'État, quand ce n'eſt qu'un prévaricateur, a toujours à ſe reprocher d'avoir trahi la confiance publique, & ruiné la fortune de pluſieurs milliers de citoyens? N'y a-t-il pas enfin plus de bravoure à attaquer un homme ſur le grand chemin, qu'à le duper à une table de jeu? Et n'eſt-il pas moins criminel de vivre dans une maiſon de débauche, que de s'avilir à la Cour par les fonctions les plus baſſes & les plus deshonorantes?

Il continuoit son discours avec chaleur, lorsque jettant les yeux sur le Comte, il s'apperçut qu'il dormoit de tout son cœur. Wild, après l'avoir poussé doucement, le réveilla, & lui dit adieu, en promettant qu'il reviendroit le lendemain déjeuner avec lui.

CHAPITRE VI.

Nouvelle conference entre le Comte & Wild : matieres interessantes & traitées dans le genre sublime.

LE lendemain ces Messieurs s'étant rassemblés, le Comte, qui, sans approuver entierement la doctrine de son ami, étoit néanmoins charmé de sa façon de raisonner, commença par déplorer le malheur de sa captivité, ſe plaignit amerement de la lenteur des amis à ſe ſecourir les uns les autres, & avoua que ſon plus grand chagrin venoit des rigueurs qu'il éprouvoit de la part de ſa maîtreſſe. Il confia alors à Wild que, depuis ſa détention, il avoit lié une intrigue ſecrette avec Mademoiſelle Théodoſie; mais qu'il n'avoit jamais pû gagner ſur elle de contribuer à ſa liberté. Il eſt tout ſimple, répondit Wild en ſouriant, qu'une femme cherche à retenir ſon amant dans un lieu où elle eſt ſûre de le poſſéder tout entier. Je pourrois pourtant, ajouta-t-il, vous propoſer un moyen immanquable de vous faire ſortir d'ici. Le Comte le preſſa vivement de lui en faire part. Il s'agit, lui dit Wild, de faire quelques petits préſens à la ſervante de la maiſon, & vous en verrez bientôt l'effet. Vous avez raiſon, s'écria le Comte en l'embraſſant; mais par malheur il ne me reſtoit qu'une ſeule guinée, que je viens de donner à cette même ſervante pour en avoir la monnoie. Eh bien ! il faut y ſuppléer par des promeſſes ; je vous crois aſſez bon courtiſan, pour ſavoir au beſoin en faire uſage. Le Comte applaudit beaucoup à cet expédient, & finit par lui dire qu'il eſperoit pouvoir être un jour en état de l'engager lui-même à vouloir bien devenir un grand homme, puiſqu'il poſſédoit toutes les qualités qui peuvent faire mériter un ſi beau titre. Cet arrangement arrêté, nos deux amis ſe mirent à jouer : circonſtance que nous relevons ici, uniquement pour faire ſentir la force prodigieuſe de l'habitude ; car quoique le Comte fût intimement convaincu que, s'il gagnoit Wild, il n'en tireroit jamais rien, il ne pouvoit non plus s'abſtenir de friponner au jeu, que Wild de laiſſer égarer ſes mains dans les poches de ſon ami, quoique très-ſûr de n'y pas trouver une obole.

La ſervante étant rentrée, le Comte ne balança pas à riſquer auprès d'elle la propoſition de lui être favorable dans ſon projet d'évaſion ; il lui offrit tout ce qu'il poſſédoit alors, & lui fit les promeſſes les plus ſéduiſantes pour l'avenir. Mais l'honneur de cette fille étoit incorruptible : elle étoit, diſoit-elle, incapable de manquer à ſes devoirs envers ſon maître, quand même il s'agiroit de ſa fortune. Wild lui repréſenta qu'elle ne couroit aucun riſque en rendant ce ſervice au Comte ; que le ſecret reſteroit enterré pour jamais ; qu'au moyen de deux draps que l'on jetteroit dans la rue, le priſonnier ſeroit cenſé s'être ſauvé par la fenêtre ; que lui Wild étoit prêt à jurer de l'avoir vû deſcendre ; que non-ſeulement le Comte ne manqueroit pas de remplir ſes promeſſes, mais que, dès l'inſtant même, elle pouvoit garder les vingt ſchelings (1) neuf ſols reſtans de la guinée, dont elle avoit déja retenu trois ſols pour ſes peines ; que le Comte, outre ſa parole d'honneur, lui laiſſeroit en gage une paire de boutons d'or de grand prix (mais qui dans la ſuite ſe trouverent n'être que de tombac) ; que lui-même enfin prêteroit à ſon ami tout ce qu'il avoit d'argent ſur lui, montant à la ſomme de dix-huit ſols, pour être dépoſé ſur le champ entre les mains de leur bienfaictrice, comme des arrhes de tout ce qu'ils promettoient de faire bien-

(1) Le ſcheling vaut à-peu-près vingt-deux ſols de notre monnoie ; il en faut vingt-un pour faire une guinée ; le ſou d'Angleterre eſt la douzieme partie du ſcheling.

tôt pour elle. Ce dernier trait de générosité triompha des ſcrupules de la ſervante; elle jura que dès le ſoir même elle ouvriroit la porte au Comte.

Ainſi notre Héros employa, non-ſeulement ſa rhétorique, ce que bien d'autres ne font pas toujours auſſi gratuitement, mais même ſon argent, c'eſt-à-dire, ce que beaucoup d'honnêtes gens ſe feroient demander, peut-être vingt fois inutilement, pour briſer les fers de leur meilleur ami.

Ce ſeroit pourtant ſe tromper ſur le caractere de Wild, que de croire qu'il fût homme à prêter cette ſomme au Comte ſans quelque peu d'intérêt perſonnel : la ſuite nous fera bientôt connoître ce que nous devons penſer ſur cet article.

L'union la plus intime regna long-tems entre nos deux amis. Wild, après s'être habillé proprement par le conseil de son camarade, fut introduit par lui dans la meilleure compagnie : ils suivoient les assemblées, les ventes publiques, les jeux, la Comédie ; quelque piece que l'on représentât, ils ne restoient jamais qu'aux deux premiers actes, pour avoir droit d'en sortir sans payer, ou de reprendre leur argent.

Cette façon de vivre n'alloit pourtant point au caractere de notre Héros : ce n'étoit, selon lui, qu'une manœuvre subalterne, où le moindre filou pouvoit aisément réussir, & que devoit dédaigner quiconque visoit au sublime.

Wild tenoit alors un état considérable, & passoit pour un Gentilhomme fort à son aise. Les femmes du plus haut rang le traitoient déja avec cette noble familiarité qui leur eſt ordinaire, les petites Maîtreſſes commençoient à ſe diſputer ſa conquête, lorſqu'une aventure imprévue vint déconcerter ſes projets, & le fit renoncer à un genre de vie trop ſimple pour des talens auſſi ſupérieurs que ceux dont il étoit pourvû.

CHAPITRE VII.

Wild, après avoir voyagé, revient chez lui. Chapitre assez court & qui renferme plus de tems & moins de matieres qu'aucun autre de cette histoire.

Nous regrettons sincerement de ne pouvoir faire au Lecteur un récit détaillé de l'incident dont il s'agit. Les textes que nous avons consultés sur ce point important, nous ont paru si differens & si contradictoires, que nous croyons devoir nous dispenser de suivre la coutume générale des Historiens, qui, en pareil cas, après avoir exposé les différentes conjectures, finissent par nous laisser la liberté du choix. Ce qu'il y a de sûr, c'est que cet évenement, quel qu'il fût, détermina le pere de notre Héros à le forcer de se dépayser, c'est-à-dire, à l'envoyer parcourir les domaines de Sa Majesté en Amérique, partie du monde infiniment moins corrompue que notre Europe, & par conséquent moins dangereuse pour les mœurs d'un jeune homme aussi bien élevé que Wild.

Qu'importe après tout, disoit ce pere éclairé & prudent, qu'importe de voyager chez les Nations policées ou parmi les Peuples sauvages ? L'avantage qu'on en retire n'est-il pas égal ? Nos jeunes Seigneurs, par exemple, qui ont parcouru la France & l'Italie, ne nous prouvent-ils pas, du moins pour la plupart, qu'on auroit pû les envoyer avec autant de succès dans la Norvege, ou dans le Groenland ?

Notre jeune homme s'embarqua donc avec une nombreuſe compagnie pour l'hémiſphere Américain. La durée préciſe de ſon ſéjour dans ces climats n'eſt pas abſolument certaine : il eſt probable qu'il fut plus long qu'il ne croyoit. Quoi qu'il en ſoit, nous ne parlerons point ici de ſes exploits, par la ſeule raiſon qu'il n'en eſt aucun qui nous ait paru digne de l'attention du Lecteur. Wild fit dans ces contrées ce qu'il auroit fait dans ſon pays ; il perdit ſon tems, ſe livra à la débauche, & acheva de perfectionner les heureux talens qu'il avoit reçus de la nature.

Honteux de la brieveté de ce Chapitre, nous avouerons que nous avons été tentés d'y inſérer, même aux dépens de la vérité hiſtorique, une ou deux aventures de quelqu'autre voyageur. Nous avions même emprunté, pour ce motif, les journaux de quelques jeunes Gentilshommes qui venoient de faire leur tour d'Europe: mais (à notre très-grand regret) nous n'y avons pas rencontré un ſeul trait aſſez piquant, pour juſtifier ce plagiat au tribunal de notre conſcience.

En réfléchiſſant ſur la pauvre figure que doit faire ici ce Chapitre, qui contient pourtant un eſpace de huit années, ce qui nous conſole un peu, c'eſt que l'hiſtoire de bien des gens qui ont fait du bruit dans le monde, eſt réellement auſſi vuide que les voyages dont il s'agit : mais comme nous réparerons, dans la ſuite, cette lacune en rapportant des choſes ſublimes & intereſſantes, nous nous contenterons, pour le préſent, de remettre notre jeune homme où nous l'avons pris.

Ainſi le Lecteur doit ſe tenir pour averti que notre Héros a voyagé dans les pays lointains, qu'il y a demeuré ſept ou huit ans, & qu'il eſt actuellement de retour dans ſa patrie.

CHAPITRE VIII.

Exemple étonnant de grandeur d'ame.

LE Comte étoit un jour fort heureux à un jeu de hazard : Wild, qui étoit fraîchement de retour de ſes voyages, le regardoit jouer. Il y avoit auſſi parmi les aſſiſtans un jeune homme nommé *Bagshot :* c'étoit une connoiſſance de Wild, & dont il avoit conçu la plus haute opinion. Celui-ci l'ayant tiré à part, lui conſeilla d'aller ſe munir d'une paire de piſtolets, s'il n'en avoit pas actuellement ſur lui, & d'attaquer le Comte lorſqu'il reprendroit le chemin de ſa maiſon; il lui promit, en même-tems, qu'il feroit le guet, & ſe tiendroit prêt à le ſeconder, s'il en étoit beſoin. La choſe fut exécutée de point en point: le Comte fut obligé de céder à la force, & de rendre tout ce qu'il avoit eſcamoté au jeu: & comme les Sages & les Philoſophes ont toujours obſervé qu'un malheur n'arrive jamais ſeul, le Comte eut à peine paſſé par l'étamine de M. Bagshot, qu'il tomba entre les mains de M. Snap, qui, accompagné de M. Wild le pere, & de quelques autres Gentilshommes de cette eſpece, ſe ſaiſit de cet infortuné, & le reconduiſit dans la même maiſon d'où il s'étoit précédemment évadé par le ſecours de ſon bon ami.

Wild & Bagshot allerent ensemble au Cabaret : Bagshot offrit, généreusement à ce qu'il croyoit, de partager entr'eux le butin, & après avoir fait deux parts inégales de l'argent monnoyée, il ajouta à la plus foible une tabatiere d'or, & pria M. Wild de choisir. Wild mit aussi-tôt dans sa poche le plus gros tas d'argent comptant, selon cette excellente maxime : *mets d'abord en sureté tout ce que tu pourras avant que de disputer sur le reste* : puis se tournant vers son compagnon, il lui demanda d'un air rébarbatif, s'il prétendoit garder toute la somme. Bagshot répondit, avec quelque surprise, qu'il croyoit que M. Wild n'avoit point à se plaindre : qu'à son égard, il étoit assurément très-beau, qu'après avoir seul dévalisé le Comte, il voulût bien se contenter d'un partage égal. J'avoue que vous avez tout pris, répartit Wild ;

mais, dites-moi, qui vous a conseillé de le prendre ? Pouvez-vous dire que vous ayez fait quelque chose de plus que d'exécuter mon plan ? & si je l'avois voulu, n'aurois-je pas pû en employer un autre que vous ? Car vous savez très-bien qu'il n'y avoit personne dans la salle de jeu, qui n'eût voulu pouvoir prendre cet argent, s'il eût su comment le faire sans coup férir. Cela est vrai, reprit Bagshot, mais n'est-ce pas moi qui ai exécuté votre plan ? N'ai-je pas couru tous les risques de l'entreprise ? N'en aurois-je pas subi la punition si j'eusse été arrêté ? & l'ouvrier ne mérite-t-il pas son salaire ? Sans doute, dit Jonathan, il le mérite, & je ne vous le refuserai point : c'est tout ce que l'ouvrier peut demander, & ce qu'on ne sauroit lui refuser sans injustice. Je me souviens que, lorsque j'étois à l'école, on nous réitéroit des vers qui, par l'excellence de leur doctrine, ont fait sur moi la plus vive impression : *ce n'est pas pour eux* (nous disoit-on) *que travaillent les oiseaux de l'air & les bêtes des champs* (1). Il est vrai que le Fermier fournit du fourage à ses bœufs, & du pâturage à ses moutons ; mais c'est pour son propre service, & non pour le leur ; de même le Laboureur, le Berger, le Tisseran, le Maçon & le Soldat travaillent pour d'autres & non pas pour eux-mêmes ; ils se contentent d'une foible rétribution pour leur salaire, & nous laissent nous autres grands hommes jouir du fruit de leurs travaux. Aristote, ajoutoit notre maître, a parfaitement prouvé dans le premier livre de sa politique, que les hommes d'une classe abjecte, &

---

(1) Allusion au *sic vos non vobis* de Virgile.

pourtant utile, ſont nés, ainſi que les animaux, pour ſervir leurs ſupérieurs, & pour être les eſclaves de leurs volontés. Comme on a dit de nous, qui formons la claſſe la plus éminente des mortels, que nous ne ſommes nés que pour dévorer les fruits de la terre (1), on peut dire, avec autant de raiſon, de ceux qui compoſent la claſſe inférieure, qu'ils n'ont été mis au monde, que pour nous les fournir. N'eſt-ce pas en effet le ſimple ſoldat, qui, par mille peines & mille dangers, contribue au gain d'une bataille ? & cependant l'honneur & les fruits de la victoire n'appartiennent-ils pas au Général qui en a formé le plan ? Si le Charpentier & le Maçon bâtiſſent une maiſon, n'eſt-ce pas au profit de l'Ar-

(1) . . . . Fruges conſumere nati.
Horat. Ep. l. 1. *v.* 27.

chitecte, & pour l'usage de ceux qui doivent l'habiter, & qui auroient bien de la peine à mettre seulement deux pierres l'une sur l'autre ? La laine & la soie ne sont-elles pas tissues, ne sont elles pas teintes des plus belles couleurs par des gens qui sont forcés de se borner à la partie la plus vile & la plus grossiere de leur ouvrage, tandis que d'autres profitent & jouissent du fruit de leurs peines ? Voyez ceux qui habitent les Palais les plus magnifiques, qui flattent leur goût des mets les plus délicieux, qui s'habillent des étoffes les plus fines & les plus précieuses : & dites moi s'ils ont eu part à la production de tous ces avantages, ou le moindre talent pour les rendre tels qu'ils sont ? Pourquoi la condition d'un Chevalier d'industrie seroit-elle différente de celle des autres ? Pourquoi, vous qui n'êtes que le manœuvre, & l'exécuteur de mon plan, voudriez-vous prétendre une part dans le profit ? Je vous conseille donc de me rendre tout le butin, & de remettre votre salaire à ma générosité. Bagshot garda quelque tems le silence, il ressembloit à un homme frappé de la foudre ; mais revenant, à la fin, de sa surprise : si par la force de vos argumens (dit-il) vous avez cru vous emparer de mon argent, vous vous êtes fort trompé. A quoi bon tant de discours ? Je suis homme d'honneur, & quoique moins bon orateur que vous, je ne serai parbleu pas votre dupe : si vous en doutez, je suis bien aise de vous dire que vous n'êtes qu'un coquin. A ces mots il mit la main sur la garde de son épée : Wild, étonné du peu de succès de ses raisonnemens, & frappé du caractere emporté de son ami, crut devoir changer de batterie, & lui dit, en riant, qu'il n'avoit prétendu que plaisanter. Parbleu, s'écria Bagshot, qui se crut alors redoutable, ces plaisanteries me déplaisent, & me prouvent que vous n'êtes qu'un faquin. Quant aux invectives, répliqua Wild d'un sang froid vraiment philosophique, je les méprise trop pour y répondre; mais, pour vous convaincre que je ne vous crains pas, mettons tout le butin sur cette table, & que celui qui battra l'autre en soit le maître. Il tira en même-tems son épée dont l'éclat ébouit tellement le pauvre Bagshot, qu'il déclara, en balbutiant, qu'il se contentoit de la part qui lui étoit restée; que, s'il avoit mal pris ce qu'avoit dit M. Wild, il en étoit fâché, & que pour la plaisanterie, il l'entendoit tout aussi-bien qu'un autre.

Wild avoit un talent admirable pour saisir le foible des hommes &

en tirer parti. Non, non, (s'écria-t-il) puiſque j'ai tiré cette épée hors de ſon fourreau, elle n'y rentrera qu'après m'avoir donné la ſatisfaction qui m'eſt due. Eh! quelle ſatisfaction vous dois-je, lui dit Bagshot en pâliſſant? Ou la bourſe, ou la vie, répondit Wild. Mais, Monſieur, reprit Bagshot, ſi vous étiez dans le cas d'emprunter quelque bagatelle ſur ma part, je vous eſtime trop pour vous rien refuſer: car, quoique peu ſuſceptible de crainte, je n'aime point à rompre avec mes amis... & pour vous le prouver....

Wild, qui avoit de tout tems regardé l'emprunt comme une excellente maniere de filouter poliment ſon prochain, remit alors ſon épée dans le fourreau, &, frappant dans la main de ſon ami, lui avoua, qu'il avoit deviné juſte; qu'une affaire preſſante l'avoit forcé d'en uſer ainſi, & que ſon honneur

honneur étoit intereſſé à payer, dès le lendemain, une ſomme conſidérable. Bagshot fit ſemblant de le croire. Notre Héros fut aſſez modeſte pour ſe contenter des trois quarts du butin, & prit très-cordialement congé du pauvre imbécille qu'il venoit de duper.

CHAPITRE IX.

Wild rend viſite à Mademoiſelle Lettice Snap. Portrait de cette jeune perſonne. Mauvais ſuccès des tentatives de M. Wild.

LE jour ſuivant notre Héros n'eut rien de plus preſſé que d'aller rendre viſite à Mademoiſelle Lettice *Snap*. Quoiqu'elle fût connue pour femme de mérite & d'une générosité peu commune, Wild crut qu'un préſent ſeroit toujours bien reçu de sa part, & qu'elle le regarderoit comme une marque de son respect. Il passa donc chez un Bijoutier, y fit emplette d'une jolie tabatiere, & se rendit chez sa Maîtresse qu'il trouva dans le deshabillé le plus galant. Ses beaux cheveux à demi poudrés pendoient négligemment sur son front ; une vieille serviette pliée en double étoit nouée sous son menton ; quelques débris de ces couleurs factices, dont se sert une jolie femme pour corriger la nature, brilloient encore sur ses joues : elle étoit succinctement vêtue, & n'avoit ni corps, ni corset : les deux globes charmans dont sa gorge étoit ornée, tomboient en liberté jusqu'à sa ceinture : un méchant mouchoir de mousseline brodée en déroboit une partie aux regards des curieux. Sa robe d'un satin blanc parsemé d'une douzaine de petites mouches d'argent, laissoit voir, en s'ouvrant, un jupon de basin, dont le bas étoit magnifiquement bordé d'une petite dentelle mêlée d'or; un panier trop long de quatre doigts, & une jupe d'écarlate encore plus longue, achevoient la parure de cette héroine; deux petits pieds mignons couverts de soie & chamarrés de dentelles soutenoient ce galant édifice; ses souliers étoient proprement attachés, l'un avec un joli ruban bleu, l'autre avec un morceau d'étoffe rouge. Telle étoit la Déesse qu'adoroit M. Wild; elle le reçut avec cette froideur que les femmes vertueuses se prescrivent envers leurs amans; c'est-à-dire, avec une réserve toujours recommandable, quoique souvent pénible & incommode. La tabatiere fut présentée: on la refusa d'abord, mais avec politesse: on l'offrit de nouveau, elle fut enfin acceptée: on servit aussitôt le thé, & ils se mirent à table. Nous ne manquerions pas de rapporter ici les discours que se tinrent nos deux jeunes amans, s'ils avoient été un peu plus édifians, & si nous n'appréhendions de blesser les oreilles de nos Lecteurs; nous dirons seulement que l'esprit & la beauté de cette charmante personne enflammerent tellement M. Wild, & que son amour, tout légitime qu'il étoit, devint si excessif, qu'il se porta à des libertés capables d'offenser une pudeur aussi délicate que celle de Lettice. Il faut avouer que, dans ce moment critique, elle dut la conservation de sa vertu, plutôt à la force de ses bras, qu'au respect ou à la timidité de son amant. Celui-ci étoit si pressant dans ses manieres, que, si par mille sermens, il ne lui eût promis la foi de mariage, nous aurions bien de la peine à justifier sa conduite, & à regarder sa passion comme tout-à-fait honnête. Mais, inviolablement attaché à la décence, il ne faiſoit à la jeune Demoiſelle aucune propoſition, qu'il ne l'accompagnât des promeſſes les plus ſérieuſes en ce genre. C'étoit, diſoit-il, un cérémonial qu'exigeoit la modeſtie des Dames, & qu'il étoit ſi aiſé de mettre en pratique, qu'on ne pouvoit s'en diſpenſer, ſans un excès de brutalité. L'aimable Lettice, ſoit par prudence, ſoit par quelqu'autre motif, fut ſourde à toutes ſes promeſſes, &, par bonheur, invincible à toutes ſes attaques. L'art de s'eſcrimer lui étoit inconnu; mais la nature ne l'avoit pas laiſſée ſans défenſe : elle portoit au bout de ſes doigts des armes, dont elle ſe ſervit avec tant de dextérité dans cette circonſtance, que Wild eut bientôt les joues meurtries & le viſage tout en ſang : tel un Pédant irrité déchire à coups de verges l'écolier aſſez imprudent pour l'avoir offenſé.

Wild quitta enfin le combat, & Lettice, toute fiere de sa victoire, s'écria d'un air de triomphe, & de supériorité : Oh ! parbleu, si c'est-là votre façon de faire l'amour, je vous garantis, ma foi, que j'y mettrai bon ordre. Elle prit de-là occasion de vanter modestement sa vertu. Wild, ennuyé de ses propos, ne lui répondit que par des invectives, & ce fut ainsi que nos deux amans se séparerent.

CHAPITRE X.

Conduite étrange de la chaste Lettice. Découverte, qui doit surprendre, & qui peut même affecter le Lecteur.

MONSIEUR Wild étoit à peine sorti, que notre héroïne ouvrant la porte d'un cabinet, appella un jeune homme qu'elle y avoit enfermé. Ce galant étoit un apprentif Chandelier, il s'appelloit Thomas Smirk : c'étoit un petit maître décidé, & la coqueluche des Dames de son quartier. Comme nous prenons l'habillement pour la marque distinctive & la qualité efficiente d'un petit maître, au lieu de peindre à notre Lecteur le caractere de ce jeune homme, nous allons seulement décrire la maniere dont il étoit vétu. Il avoit des bas blancs & des escarpins, ses boucles étoient deux larges plaques de pinchebec qui lui couvroient presque tout le pied, sa culotte de peluche rouge lui venoit à peine jusqu'aux genoux; il portoit une veste de basin blanc richement brodé de soie jaune & un habit de peluche bleue avec des boutons de métal, de grandes manches, & un collet qui lui descendoit au milieu du dos; une perruque énorme lui cachoit la moitié du visage, elle étoit surmontée d'un petit chapeau bordé & retapé à la grenadiere. Tel étoit le galant personnage que l'aimable Lettice fit sortir de son cabinet: elle le reçut à bras ouverts, lui prodigua les noms les plus tendres, & l'assura qu'elle avoit enfin congédié pour toujours ce monstre odieux que son pere lui destinoit pour époux, & que rien ne pouvoit plus interrompre le bonheur qu'elle goûtoit avec lui.

Pardonnez, mon cher Lecteur, si nous nous arrêtons ici un moment, pour déplorer un caprice qui n'est que trop naturel à ce sexe aimable, dont la douceur, les talens & les charmes semblent devoir mettre le comble à notre félicité, en calmant nos inquiétudes, en adoucissant nos mœurs, & en nous aidant à supporter nos malheurs & nos disgraces.

Quand nous considérons ces précieux avantages, qu'on recherche toujours dans les femmes, & qu'on y trouve pour l'ordinaire, nous ne pouvons-nous empêcher de blâmer, dans ces aimables objets, cette disposition bisarre qui les porte à préferer, dans l'autre sexe, ceux qui ne sont rien moins que des chef-d'œuvres de nature. Car, si les petits maîtres, semblables en ce point, aux plus vils insectes, ne sont pas absolument inutiles dans le monde, au moins faut-il convenir que ceux mêmes d'entre eux qui paroissent les plus brillans, ne sont point, comme quelques-uns se l'imaginent, le plus noble des ouvrages du Créateur. Qu'on prenne les petits maîtres les plus accomplis; qu'on en fasse, si l'on veut, des Capitaines ou des Colonels; qu'ils soient magnifiquement vétus, & comme des gens de la premiere qualité; je prétends que, malgré le faste qui les environne, on ne sauroit s'empêcher de leur préferer un Newton, un Shakespear, un Milton, & tout autre génie semblable, dont les écrits sublimes ont fait le bonheur & l'admiration de l'univers.

Quelle doit donc être notre douleur, lorſque nous voyons qu'un ſeul petit maître, & ſur-tout s'il a une demi-aune de ruban à ſon chapeau, aura mille fois plus de part que vingt Newtons dans l'affection d'une femme ? Combien notre Lecteur, qui, peut être, a pieuſement attribué à la vertu invincible de la chaſte Lettice, ſa réſiſtance aux pourſuites d'un homme paſſionné & entreprenant, doit-il être ſurpris, en la voyant quitter le maſque, & s'abandonner, avec Smirk, aux libertés les moins permiſes ? Quelle ſeroit ſa confuſion, ſi nous entrions dans un détail plus circonſtancié ; ſi nous découvrions à ſes yeux tout ce qui ſe paſſa dans ce tête-à-tête ; ſi nous rapportions enfin comment la belle Lettice, (car nous devons, en cette occaſion, imiter Virgile, & nous détacher, pour un moment, de notre épithete favorite), rendit Smirk aussi heureux, que Wild auroit désiré de l'être? Mais le respect que nous avons pour les Dames, nous engage à tirer le rideau sur une scene aussi humiliante, & à passer promptement à des matieres qui, au lieu de deshonorer l'espece humaine, ne peuvent que la relever & l'annoblir.

CHAPITRE XI.

Nouveau trait de magnanimité aussi noble & aussi sublime qu'on puisse en trouver dans les histoires anciennes ou modernes. Avis utile aux jeunes gens qui aiment à se divertir.

WILD n'eut pas plutôt quitté la chaste Lettice, qu'il se rappella que le Comte habitoit encore la même maison, & ne crut pas devoir en sortir sans avoir eu le plaisir de s'entretenir un moment avec lui ; car il n'étoit pas de ces hommes mal nés, qui rougiroient de voir un ami, après l'avoir volé ou trahi : ce caractere pusillanime a souvent produit dans le monde les crimes les plus monstrueux. Un excès de modestie, dans ce genre, a porté bien des gens à aſſaſſiner, ou du moins à ruiner ſans reſſource ceux contre qui leur conſcience leur reprochoit d'avoir commis quelque peccadille, ſoit en débauchant leur femme ou leur fille, ſoit en trahiſſant leur confiance, ſoit en rendant contre eux un faux témoignage; mais, dans notre Héros, tout étoit véritablement grand. Toujours maître de lui-même, il ne craignoit point d'aller boire avec un homme, qu'il avoit dévaliſé le moment d'auparavant. Il ſe gardoit bien de faire le mal pour le mal; content de dépouiller entierement ceux qui lui tomboient ſous la main, il ne fit jamais à perſonne la moindre injure, qu'il n'eſperât en tirer quelque avantage.

Il trouva le Comte occupé, non pas à déplorer lâchement ſon ſort, ou à ſe livrer au déſeſpoir, mais à préparer avec résignation quelques paquets de cartes. Cet honnête homme, bien éloigné de soupçonner que Wild eût été le principal artisan de son infortune, courut à lui pour l'embrasser. Wild, mieux instruit de tout ce qui s'étoit passé, répondit avec affection à ses caresses. A peine furent-ils assis, que Wild prit occasion des cartes qu'il voyoit sur la table, pour faire une sortie contre le jeu; & après avoir exageré, sans ménagement, les fâcheuses circonstances où se trouvoit actuellement le Comte, il attribua tous ses malheurs à cette maudite passion, qui, disoit-il, l'avoit déja conduit deux fois en prison, & finiroit par le ruiner de fond en comble. Le Comte défendit d'abord, avec vivacité, son occupation favorite; & après lui avoir appris le grand succès qu'il avoit eu au jeu, après leur malheureuse séparation, il lui fit le détail de l'accident qui lui étoit arrivé, & dont le Lecteur est à présent aussi bien informé que l'étoit alors M. Wild, ajoutant seulement qu'il n'avoit rendu son argent qu'à la derniere extrémité, & qu'ayant été attaqué par deux ou trois hommes à la fois, il les avoit tous blessés très dangereusement.

Wild, qui savoit avec quelle docilité le Comte avoit présenté sa bourse, & qui d'ailleurs le connoissoit parfaitement, applaudit à son intrépidité, en lui protestant qu'il auroit voulu être à portée de le seconder dans une occasion aussi périlleuse. Le Comte se mit alors à blâmer la patrouille de son peu de vigilance. En vérité, disoit-il, c'est une honte pour le gouvernement que d'honnêtes gens ne puissent aller en sureté dans les tues. Mais à propos, mon cher ami, avez-vous jamais vu un bonheur semblable à celui que j'eus hier au jeu? Ma fortune tenoit du prodige. Oui, répondit Wild, feignant de ne pas s'appercevoir de l'impudence de ce maître fripon, cela est tout-à-fait prodigieux, & il n'en faudroit pas davantage, pour détromper ceux qui pourroient avoir le moindre soupçon sur votre maniere de jouer. Personne, je crois, reprit le Comte, n'oseroit mettre la chôse en question. Oh! non, dit Wild, tout le monde convient que vous êtes un homme d'honneur. Mais, dites-moi, je vous prie, ces coquins vous ont-ils tout pris? Tout, s'écria le Comte, en jurant; ils ne m'ont pas laissé une obole.

Pendant qu'ils s'entretenoient ainsi, M. Snap, accompagné d'un autre

Officier, introduisit M. Bagshot dans la compagnie. Ce gentilhomme, après s'être séparé de M. Wild, étoit probablement retourné au jeu, y avoit risqué sa petite fortune, & en étoit sorti aussi sec que le sont communément les petits maîtres les plus hupés du Royaume.

Il alloit se retirer en certaine maison, ou plutôt en certain taudis de réputation, dans le marché de Convent Garden, quand par hasard il rencontra M. Snap, qui, après avoir reconduit le Comte chez lui, se promenoit tranquillement devant la porte de l'endroit où l'on jouoit. Car, vous le savez sans doute, mon cher Lecteur, de même qu'un brochet vorace se tient caché sous quelques herbes à l'embouchure des ruisseaux, pour guetter les petits poissons qui en sortent, de même les honnêtes gens de la profession de M. Snap, rodent sans cesse à la porte des maisons de jeu, dans l'esperance d'y rencontrer de jeunes Gentilhommes à qui ils délivrent un petit billet de parchemin pour les inviter poliment à venir chez eux. M. Snap, parmi plusieurs de ces billets, en avoit trouvé un qui s'adressoit à M. Bagshot, à la requête, ou plutôt à la sollicitation d'une charmante fileuse, nommée Anne Sample, chez qui il avoit logé pendant quelques mois, & qu'il avoit quittée par mégarde, sans lui avoir dit adieu. Un procédé si étrange avoit engagé Mademoiselle Sample à recourir à cet expédient, pour pouvoir obtenir de lui un moment de conversation.

Comme la maison de M. Snap se

trouvoit pleine, & qu'il n'avoit point d'autres chambres à donner à M. Bagshot, il avoit été obligé de le conduire dans l'appartement du Comte. Aussitôt que M. Wild apperçut son ami, il se jetta à son cou & le présenta au Comte, qui le reçut avec toute la politesse d'un galant homme.

CHAPITRE XII.

Particularités, qui peut-être ne ſurprendront gueres, après ce qu'on ſait déja de Mademoiſelle Lettice. Portrait d'un joli homme. Dialogue dans lequel on traite du droit public, auſſi-bien que de, &c.

MONSIEUR Snap venoit juſtement de quitter la compagnie, lorſqu'une ſervante de la maiſon vint dire à M. Bagshot, que quelqu'un demandoit à lui parler : c'étoit Mademoiſelle Lettice Snap elle-même. M. Bagshot avoit été long-tems l'adorateur de cette Belle. Supérieur à ſes rivaux, il avoit excité dans ſon tendre cœur la flamme la plus vive & la plus conſtante. En effet, elle étoit ſi paſſionnée pour ce jeune homme, qu'elle avoit ſouvent avoué à une de ſes confidentes que, ſi jamais homme avoit fait ſur elle quelque impreſſion, c'étoit M. Bagshot. Elle n'étoit pas la ſeule qui pensât ainſi ; pluſieurs jeunes Dames étoient ſes rivales, & lui envioient un amant, qui poſſedoit toutes les qualités brillantes que la nature accorde ſi rarement aux hommes ordinaires, & qui conſtituent le galant le plus accompli. Vous en jugerez vous-même, mon cher Lecteur, d'après le portrait que nous allons vous en faire. Il étoit haut de ſix pieds, il avoit les jambes groſſes, les épaules larges, un teint vermeil, des cheveux noirs & friſés, une aſſurance modeſte, & du linge blanc. Il faut pourtant convenir que des qualités auſſi héroïques étoient contrebalancées par quelques petits défauts : c'étoit, par exemple, le plus ſot enſant du monde. Il ne ſavoit ni lire, ni écrire, & dans tout ſon individu, on auroit eu bien de la peine à trouver un ſeul grain d'honneur, de bienſéance & d'humanité.

Dès que M. Bagshot fut ſorti, le Comte prenant Wild par la main, lui dit qu'il avoit à lui communiquer quelque choſe de fort important, & lui avoua qu'il étoit convaincu que Bagshot étoit celui qui l'avoit volé. A ces mots, Wild recula d'étonnement; & affectant l'air le plus ſérieux : gardez-vous bien, lui dit-il, de jetter légérement de pareils nuages ſur un homme auſſi jaloux de ſon honneur, & qui aſſurément ne ſeroit point d'humeur à le ſouffrir. Parbleu, reprit la Ruſe en enrageant, que le Diable emporte ſon honneur : n'ai-je pas ſouffert, moi, qu'on me volât ? Eh bien ! Je vais rendre plainte contre lui, & la justice en décidera. Wild indigné répondit que, puisqu'il osoit former des soupçons aussi injurieux contre son ami, il rompoit dès ce moment avec lui; qu'il connoissoit M. Bagshot; que c'étoit un homme d'honneur; qu'il étoit son ami; & que par conséquent il étoit impossible qu'il fût capable d'une pareille bassesse. Il ajouta encore beaucoup d'autres raisons, qui ne firent pas sur le Comte tout l'effet qu'il en attendoit. Celui-ci assuroit toujours que Bagshot étoit son voleur; qu'il alloit l'appeller en justice; & qu'il croyoit devoir cette satisfaction au Public, aussi-bien qu'à lui-même. Alors, Wild changeant de ton: eh bien! dit-il, supposons, si vous le voulez, que M. Bagshot, dans un excès de folie, (car on ne sauroit nommer autrement une action de cette espece) se fût servi de ce moyen pour vous emprunter quelque argent, que

gagnerez-vous

gagnerez-vous à le pourſuivre ? Vous ne prétendez pas, ſans doute, recouvrer votre argent; vous ſavez qu'il l'a perdu au jeu : (notez que Bagshot venoit de les inſtruire de ſon aventure). Il ne vous reſtera donc que le plaiſir de ſoutenir un procès diſpendieux, & de vous faire à jamais déteſter dans toutes les maiſons de jeu; ſerez-vous bien ſatisfait après cela, d'avoir rendu au Public ce que vous croyez lui devoir ? En vérité, je ſuis honteux de mon peu de diſcernement, & je rougis de vous avoir pris pour un grand homme. Ne vaudroit-il pas mieux mériter par votre diſcrétion, qu'on vous rendît un jour votre argent, en tout ou en partie ? Car enfin, quelque ſoit l'état où ſe trouve actuellement M. Bagshot, s'il vous a joué effectivement le tour dont vous vous plaignez, il pourra le jouer encore à d'autres ; & si le cas arrive, vous pouvez compter sur une entiere restitution de sa part. D'ailleurs, vous serez toujours le maître de recourir à la loi : c'est le dernier remede que devroit employer un brave homme. Voulez-vous m'en croire ? chargez-moi de cette affaire ; j'examinerai Basghot, & si je découvre qu'il vous ait réellement fait cette niche, je vous promets, sur mon honneur, que vous n'y perdrez rien, & que tôt ou tard, vous aurez lieu d'être content.

M. Wild, répondit le Comte, si j'étois sûr de ne rien perdre, je me flatte que vous avez trop bonne opinion de moi, pour croire que je voulusse sacrifier un galant homme au Public. N'allez pas prendre à la lettre quelques mots qui m'ont échappé sans dessein, & qui, dans la bouche de gens tels que nous, n'ont pas la moindre ſignification. Tout ce que je déſire, c'eſt mon rembourſement, & ſi par votre moyen je puis l'obtenir, le Public peut . . . . Le Comte finit cette phraſe d'une façon un peu trop cavaliere pour être rapportée dans cette hiſtoire.

On vint en ce moment les avertir que l'on avoit ſervi, & que la compagnie étoit déja dans la ſalle à manger.

M. Snap, Meſdemoiſelles ſes filles, MM. Wild, pere & fils, le Comte & M. Bagshot ſe mirent à table avec un certain Gentilhomme fort grave, qui avoit eu autrefois l'honneur de porter les armes dans un Régiment d'Infanterie, & qui exerçoit actuellement l'emploi, peut-être non moins honorable, d'assister M. Snap, & de lui prêter main forte pour l'exécution des loix.

Le dîner se passa à l'ordinaire : la conversation, suivant ce qui se pratique parmi la bonne compagnie, roula principalement sur ce qu'on mangeoit, & sur ce qu'on avoit mangé. Le Militaire, qui avoit servi en Irlande, fit le récit merveilleux d'une nouvelle maniere de faire rôtir les topinamboux. On parla de ragouts différens : chacun dit son mot ; & un spectateur desintereссé en auroit conclu que tous ces Messieurs n'étoient venus au monde, que pour y remplir leur ventre. Il sembloit effectivement, à les entendre, qu'ils n'eussent reçu la vie que pour végeter comme le reste des animaux.

Dès qu'on eut desservi, & que les

Dames ſe furent retirées, le Comte propoſa un jeu de hazard qui fut accepté. On apporta des dés; le Comte prit le cornet, & demanda qui vouloit jouer contre lui. Perſonne ne répondit, parceque l'on craignoit peut-être qu'il n'eût pas autant d'argent qu'il en avoit réellement : car ce Gentilhomme, malgré le ſerment qu'il avoit fait à Wild, poſſedoit dix guinées qu'il s'étoit procurées au moyen d'un effet, qu'il avoit mis en gage depuis qu'il étoit chez M. Snap. Le Comte s'apperçut de la timidité de ſes amis, & devinant apparemment quelle en étoit la cauſe, il tire ſes guinées & les jette ſur la table; auſſitôt, (telle eſt la force de l'exemple) tous les autres produiſent leurs fonds : une ſomme conſidérable brille aux yeux des aſſiſtans, & le jeu commence.

CHAPITRE XIII.

Dont nous sommes extrêmement jaloux, & que nous regardons en effet comme notre chef d'œuvre. Histoire étonnante touchant le Diable. Discussion délicate sur l'honneur.

JE suis persuadé que, quand mon Lecteur seroit un joueur de profession, il ne me sauroit aucun gré de lui rapporter en détail les divers succès de ces honnêtes fripons; il suffit de savoir qu'ils jouerent jusqu'à ce que tout l'argent eût disparu : ce qu'il y eut d'étrange, c'est que chacun des joueurs protestoit qu'il avoit perdu, & qu'on ne pouvoit deviner qui avoit gagné, à moins que ce ne fût le malin esprit.

Cependant quelque probable qu'il fût que cet ennemi du genre humain eût eû quelque part à cette aventure, il paroissoit qu'il n'étoit pas le seul. On soupçonnoit M. Bagshot d'avoir beaucoup gagné, malgré les assurances qu'il donnoit du contraire : on l'avoit vû plus d'une fois serrer de l'argent; &, (ce qui étoit encore une présomption bien plus forte,) cet ancien Militaire dont nous avons parlé, ne voulant pas s'en rapporter uniquement au témoignage de ses yeux, avoit fait de fréquentes incursions dans la poche de son voisin, & quoique, pour plus grande conviction; il en eut peut-être tiré quelques pieces de monnoie, on sent à merveille qu'il en avoit encore laissé davantage.

Cet Officier avoit plusieurs fois cherché à satisfaire sa curiosité, avant que Bagshot, emporté par la chaleur du jeu, s'en fût apperçu: mais comme la partie étoit sur le point de finir, il découvrit cet ingénieux manége. Aussitôt, saisi de colere, il se leva, en criant, je croyois être avec des gens d'honneur : mais parbleu je suis sûr qu'il y a parmi nous un filou. Un propos aussi scandaleux allarma la compagnie, & causa à tout le monde la plus grande surprise. L'Officier surtout en fut vivement piqué ; il quitta brusquement sa chaise, & prenant un air & un ton menaçant; seroit-ce à moi, lui dit-il, que vous en voudriez? Morbleu vous êtes un faquin. Ces paroles auroient été immédiatement suivies de cent coups de poing, si les assistans ne se fussent mis entre ces deux champions, & ne les eussent empêchés d'en venir aux mains. On fut long-tems sans pouvoir les engager à ſe raſſeoir : on en vint pourtant à bout. M. Wild le pere, qui étoit un vieillard fort accommodant, leur propoſa des voies de conciliation ; mais le Gentilhomme, qui ſe croyoit deſhonoré, les refuſa abſolument, & jura qu'il couperoit la gorge au maraud qui l'avoit inſulté. M. Snap applaudit à cette réſolution, & décida que, quand on portoit le nom de Gentilhomme, on ne pouvoit en aucune maniere pardonner un pareil affront. Il ajouta qu'à moins que ſon ami ne ſe vengeât, comme il convenoit, il ne feroit jamais aucune fonction de ſa Charge en ſa compagnie ; qu'il l'avoit toujours regardé comme un homme d'honneur, qu'il ne doutoit point qu'il n'en donnât des preuves dans cette occaſion, & que, s'il étoit lui même dans le cas, rien au monde ne pourroit le porter à ſouffrir une injure de cette eſpece, ſans en tirer une ſatisfaction convenable. Le Comte ſe rangea du côté de M. Snap, & fut de même avis. Les parties intereſſées murmuroient entre leurs dents quelques courtes ſentences, qui marquoient aſſez quelles étoient leurs diſpoſitions intérieures. Enfin notre Héros ſe leva, & après avoir fixé les regards de toute l'aſſemblée, il lui adreſſa ce diſcours.

J'ai entendu avec un plaiſir infini ce qu'ont dit, ſur l'honneur, les deux grands hommes qui viennent de traiter un ſi beau ſujet. Perſonne, j'oſe le dire, ne connoît mieux que moi, le prix ineſtimable de cette vertu: perſonne n'en conçoit une idée plus noble & plus ſublime. Je ſouhaiterois de tout mon cœur que nous euſſions, dans notre dictionnaire, quelques mots propres pour l'exprimer auſſi-bien qu'elle le mérite. C'eſt en effet la qualité essentielle d'un Gentilhomme ; elle est telle que quiconque veut faire quelque figure dans le monde, ne sauroit absolument s'en passer. Mais hélas ! quel dommage, Messieurs, qu'un terme d'un si grand usage, & d'une vertu si efficace, ait une application si indéterminée, qu'à peine se trouve-t-il deux personnes qui lui fassent signifier la même chose ? Les uns entendent par honneur, ces sentimens de bon cœur & d'humanité que les esprits foibles appellent vertus. Mais quoi ! les grands hommes, ceux qui se distinguent par leur bravoure ou par leur naissance, ces Conquérans qui saccagent des villes, pillent des Provinces, & subjuguent des Royaumes, ne sont-ils donc pas des gens d'honneur ? Cependant ils n'ont que du mépris pour ces vertus prétendues. D'autres, en petit nombre, si je ne me trompe, comprennent dans l'idée d'honneur, celle d'honnêteté. Dirions-nous donc, qu'un homme qui, par force ou par adresse, prive son prochain de ce que la loi, ou peut-être la justice appelle son bien, n'est pas un homme d'honneur ? A Dieu ne plaise que je parle ainsi en présence d'une assemblée aussi respectable & aussi bien composée. L'honneur consiste-t-il dans la vérité ? non ; car ce n'est point le mensonge que nous faisons, mais celui qu'on fait contre nous, qui blesse notre honneur. Consiste-t-il dans ce que le Vulgaire appelle vertus fondamentales ? ce seroit faire honte à notre entendement, que de le supposer : puisque nous voyons tous les jours beaucoup de gens d'honneur qui n'ont aucune de ces vertus. En quoi donc consiste ce mot *honneur*. En quoi, Messieurs ? en lui-même. Un homme d'honneur est celui qu'on appelle un homme d'honneur, & il n'eſt tel qu'autant de tems qu'on lui donne cette dénomination. Examinez ce qui ſe paſſe dans le monde, & vous avouerez qu'on ne s'y décide, à cet égard, que ſur les apparences. Un fripon, tant qu'il brille, eſt un homme d'honneur; il ne l'eſt plus, dès qu'on le jette dans un cachot, ou qu'on le mene au gibet. D'où vient cette différence? Ce n'eſt pas de ſes actions: car elles n'ont point changé; elles étoient auſſi parfaitement connues pendant ſa fortune, qu'elles l'ont été depuis. Mais c'eſt uniquement parceque, dans le premier cas, on l'appelloit un homme d'honneur, & que dans le ſecond, on a ceſſé de l'appeller ainſi. Voyons donc à préſent comment M. Bagshot a bleſſé l'honneur de ce Gentilhomme: il l'a appellé filou, & je conviens que ces ſortes de termes, pris à la rigueur,

& dans toute l'étendue de leur signification, peuvent paroître insultans. Eh! bien, supposons, pour un moment, que ce soit en effet une espece d'injure ; il faut que M. Bagshot lui en fasse satisfaction ; il faut qu'il répare son indiscrétion, en affirmant au moins deux fois, en présence de toute la compagnie, qu'il le tient pour homme d'honneur.

L'Officier répondit qu'il s'en rapportoit entierement à M. Wild, & qu'il acceptoit de bon cœur une satisfaction, qu'il croyoit suffisante. Qu'il commence par me rendre mon argent, dit Bagshot, & je le reconnoîtrai avec plaisir pour un honnête homme. Le Militaire protesta qu'il ne lui avoit rien pris. Il fut secondé par M. Snap, qui assura qu'il avoit eu les yeux sur lui, pendant toute la partie. Cependant Bagshot étoit toujours mécontent. Mais Wild en faisant un serment horrible, jura de la meilleure foi du monde, que l'Officier n'avoit pas pris un sol ; ajoutant que, si quelqu'un soutenoit le contraire, ce seroit lui donner un démenti, dont il sauroit tirer raison dans l'instant. Tel étoit l'ascendant de ce grand homme : Bagshot convint de tout, & remplit avec docilité les cérémonies usitées en pareilles circonstances.

Ainsi fut heureusement terminée, par l'adresse ingénieuse de notre Héros, une querelle, dont le commencement n'annonçoit rien que de fâcheux, & qui, entre deux personnes aussi délicates sur le point d'honneur, ne pouvoit pas manquer d'avoir les suites les plus funestes.

M. Wild étoit effectivement intéressé dans cette affaire : c'étoit lui qui avoit mis l'Officier en besogne,

& celui-ci devoit partager avec lui le butin. Quant au témoignage de M. Snap, il ne l'avoit rendu que par un excès d'amitié, qui lui étoit ordinaire. Il tenoit pour maxime constante, qu'il falloit être un sot, pour se faire le moindre scrupule de se parjurer en faveur de son ami.

CHAPITRE XIV.

Suite de l'aventure précédente.

ON imagine bien qu'après une pareille ſcene, il ne fut plus queſtion de jouer : on ſe mit à boire; la gaité la plus vive , l'amitié la plus tendre , commencerent à renaître dans tous les cœurs. Les convives ſe porterent mutuellement leur ſanté en ſe frappant dans la main, & en s'aſſurant les uns les autres de la plus parfaite affection. Tout cela cependant ne les empêchoit pas de méditer certains deſſeins qu'ils ſe promettoient d'exécuter dès que le vin auroit fait ſon effet. L'intention de Bagshot , & du Militaire , étoit de ſe voler réciproquement. M. Snap , & M. Wild le pere , cherchoient de nouveaux moyens de perpétuer la détention des honnêtes gens qu'ils avoient ſous leur garde. Le Comte penſoit à renouer le jeu, s'il étoit poſſible, & notre Héros formoit le projet de ſe délivrer de Bagshot, c'eſt-à-dire, en bon françois, de le faire pendre à la premiere occaſion. Mais aucun de ces grands deſſeins ne put avoir lieu, du moins dans le moment préſent : car on vint avertir M. Snap pour une affaire importante, & qui exigeoit auſſi la préſence de ſes deux collegues; & comme il ne ſe ſoucioit pas de mettre à une ſeconde épreuve la légereté des pieds de M. le Comte, il déclara qu'il alloit fermer les portes pour toute la ſoirée.

Maintenant, mon cher Lecteur, comme nous n'avons rien qui nous preſſe, nous allons, s'il vous plaît, nous amuſer à faire une petite comparaiſon. Tel qu'un chaſſeur prudent, qui après avoir fait boire ſes chiens aux pieds légers, les conduit vers leur chenil; ces animaux, les oreilles baſſes, & la queue entre les jambes, s'avancent en grondant, tandis que le maître, armé d'un fouet, preſſe leur marche, ſans s'embarraſſer de leur mauvaiſe humeur, les fait entrer dans leur cabane, en ferme la porte, & s'en va où l'appellent ſes affaires ou ſes plaiſirs: tels le Comte & Bagshot monterent triſtement, & malgré eux dans leur chambre. M. Snap les accompagna avec ſa ſuite ordinaire, & dès qu'il les vit rendus chez eux, il les enferma d'un air ſatisfait, & ſortit. Quant à nous, mon cher Lecteur, nous imiterons, ſi vous le trouvez bon, ce qui ſe pratique communément dans le monde: nous laiſſerons les malheureux ſe tirer d'affaire comme ils pourront, & nous ſuivrons la fortune brillante de notre Héros.

Ainſi que ſes pareils, Wild étoit

insatiable; & *moins riche de ce qu'il possédoit, que pauvre de ce qu'il n'avoit pas*, il étendoit ses vues à proportion de sa prospérité : car cette aimable disposition, qui ne laisse jamais le cœur en repos, cette ingénieuse avidité qui s'accroît à mesure qu'on la satisfait, est le premier principe, ou la qualité constitutive de nos grands hommes. Ces personnages illustres éprouvent, à chaque pas qu'ils font vers la gloire, ce qui arrive à un voyageur qui traverse les Alpes, ou qui parcourt les montagnes voisines de Bath (1). Il ne voit pas tout d'un coup le terme de son voyage; mais en formant projet sur projet, il passe de montagne en montagne avec une noble constance, toujours résolu d'en atteindre le sommet. Il parvient enfin, après bien des peines & des fati-

(1) Ville d'Angleterre fameuse par ses Bains & ses Manufactures.

gues, à une méchante hôtellerie, où il ne trouve pas même les choſes les plus néceſſaires. J'imagine, Lecteur, que, ſi vous avez jamais voyagé dans ces contrées, vous comprenez à merveille la premiere partie de ma comparaiſon; ces ſortes de figures ont toujours un côté beaucoup plus lumineux que l'autre: mais ſi la ſeconde partie ne vous paroît pas auſſi ſenſible, c'eſt que vous n'êtes point encore familiariſé avec les Grands Hommes, & que vous n'avez eu ni le tems, ni la facilité d'examiner attentivement la marche de ceux qui aſpirent à ce qu'on entend généralement par *Grandeur.* Car, ſi vous enviſagiez tous les périls auxquels ces hommes célebres ſont tous les jours expoſés; ſi vous pouviez diſtinguer, comme avec un microſcope, (car ſans cela, il vous ſeroit impoſſible de rien appercevoir) cette étincelle incorruptible de bonheur, qu'ils n'obtiennent encore que lorſqu'ils viennent à bout de leurs deſſeins ; je ſuis bien sûr que vous plaindriez avec moi le ſort infortuné de ces génies ſublimes, de ces êtres ſupérieurs, pour qui ſeuls tous les autres hommes ſemblent avoir été formés. Vous ne pourriez alors vous empêcher de dire : quel dommage que des hommes pour qui les autres ſont deſtinés aux travaux les plus pénibles, aux perſécutions les plus cruelles, recueillent un ſi foible avantage des miſeres qu'ils cauſent à leurs concitoyens !

Pour moi, je l'avoue, je ſuis du nombre de ces foibles mortels, qui ſe croyent nés pour la gloire ou l'amuſement des Grands Hommes, & ſi je voyois mon Héros tirer ſon bonheur des peines & de la ruine d'un millier de reptiles comme moi, je prendrois patience ; je pourrois même m'écrier, avec quelque ſatisfaction : *ſic, ſic juvat* : courage, mon ami : voilà qui va bien. Mais quand je vois un Grand Homme mourir de faim & de froid, au milieu de cinquante mille malheureux qui souffrent les mêmes maux pour son plaisir ; quand j'en apperçois un autre, dont l'ame, vile esclave de la grandeur, est mille fois plus misérable & plus agitée que celle du moindre de ses vassaux ; quand enfin je considere des nations entieres ravagées & détruites de fond en comble, uniquement pour faire verser des pleurs à un Grand Homme, dans la crainte qu'il ne lui reste plus d'autres nations à détruire ; alors, j'en conviens, je suis tenté de souhaiter que la nature nous eût épargné ce chef-d'œuvre de ses mains, & que jamais Grand Homme n'eût paru dans le monde.

Mais continuons notre histoire, qui, à ce que j'espere, nous fournira des leçons plus instructives, que tous les traits de morale que nous pourrions débiter sur ce sujet.

Wild ne fut pas plutôt rentré chez lui, qu'il se mit à penser au plaisir sensible qu'il venoit de goûter, en causant le malheur d'autrui. Cette idée agréable fit bientôt place à des réflexions plus sérieuses.

Toute notre politique, disoit-il en lui-même, ne doit consister qu'à multiplier les instrumens dont nous nous servons, puisque les dégrés de la grandeur sont déterminés par ces deux termes, *plus & moins*. Les hommes peuvent se diviser en deux grandes especes: ceux qui travaillent de leurs propres mains, & ceux qui emploient les mains des autres. Les premiers sont vils & méprisables, les seconds sont la partie brillante de la création. Rien n'est plus usité parmi les commerçans, que cette expression, *emploi des mains*; & ils se préferent, avec raison,

raiſon, les uns les autres, ſelon qu'ils en emploient plus ou moins. On peut encore diſtinguer, parmi les hommes, ceux qui emploient les mains d'autrui pour l'uſage de la ſociété dans laquelle ils vivent, & ceux qui les emploient uniquement pour leur propre uſage. Le Laboureur, le Manufacturier, le Marchand, & peut-être le Gentilhomme, forment la premiere claſſe. Car c'eſt en employant des mains étrangeres, que l'un engraiſſe & cultive le champ qui lui appartient; que l'autre perfectionne les productions de la nature, & trouve le ſecret d'en tirer tout ce qui peut être utile, commode, ou néceſſaire à la vie; que le troiſieme fait exporter le ſuperflu de nos denrées, pour l'échanger contre le ſuperflu des autres peuples, de façon que chaque pays, chaque climat puiſſe jouir des fruits de toute la terre; c'eſt enfin par ce moyen, que le Gentilhomme se rend utile à sa patrie, qu'il embellit, soit en s'appliquant aux arts & aux sciences, soit en établissant de bonnes loix, & en les faisant exécuter pour la conservation des biens, & la distribution de la Justice. Mais ceux qui n'emploient des mains étrangeres que pour leur propre usage, ce sont les gens illustres, ce sont ces grands hommes, qu'on distingue ordinairement en Conquérans, en Princes despotiques, en hommes d'État, en Chevaliers d'industrie. Or, ils ne different les uns des autres, que parcequ'ils employent plus ou moins de mains. Alexandre n'étoit plus grand qu'un Chef de Tartares ou d'Arabes, que parcequ'il étoit à la tête d'un plus grand nombre de soldats. Le simple Chevalier d'industrie n'est inférieur au grand homme, qu'en ce qu'il n'emploie que ses propres mains. Mais on ne doit pas, pour cette raison, le confondre avec une populace vile & méprisable, parceque s'il travaille de ses mains, ce n'est que pour son propre usage. Supposons donc qu'un simple Chevalier d'industrie ait autant d'instrumens de ses volontés, qu'en pourroit avoir un homme d'État, ne seroit-il pas aussi grand que lui? Oui, sans doute. Qu'ai-je donc à faire pour parvenir à la grandeur, sinon de me procurer une troupe, & de la faire manœuvrer uniquement pour moi seul? Ceux qui la composeront, déroberont pour mon profit, & se contenteront d'une récompense modique. Je choisirai parmi eux, pour mes favoris, les plus déterminés, & les plus scélérats selon l'expression du Vulgaire. Pour les autres, je pourrois, de tems en tems, & quand j'en trouverai l'occasion, les bannir ou les faire pendre à ma fantaisie. Par ce moyen, & c'est ce que je regarde comme le souverain mérite d'un Chevalier de mon Ordre, je ferai servir à mon intérêt personnel, les loix mêmes qui ont été instituées pour l'avantage & la défense de la société.

Après avoir ainsi ébauché son plan, il sentit qu'il ne lui manquoit, pour le mettre à exécution, que ce qui est en effet le commencement & la fin des projets des hommes, je veux dire de l'argent; il n'avoit, pour tout bien, que soixante-cinq guinées. C'étoit tout ce qui lui restoit du double profit qu'il avoit fait sur Bagshot. Cette somme ne paroissoit rien moins que suffisante, pour lui fournir une maison, des meubles, & les autres choses nécessaires, dans une si grande entreprise. Il résolut en conséquence, d'aller sur le champ, dans un tripot, moins pour y tenter la fortune, que pour y jouer un jeu plus sûr, en dévalisant celui des joueurs qui auroit le plus gagné, lorſqu'il s'en retourneroit chez lui. Dès qu'il fut arrivé, il crut qu'il pouvoit commencer par eſſayer ſes ſuccès aux dés, & réſerver l'autre expédient pour la derniere reſſource. Il ſe mit au jeu, & comme on a toujours obſervé que la Fortune, ſemblable à celles de ſon ſexe, diſtribue le plus ſouvent ſes faveurs au hazard, & ſans avoir aucun égard au mérite de ceux qui l'implorent, notre Héros perdit tout ce qu'il poſſédoit, & ſe vit forcé de recourir à quelque choſe de moins incertain. Alors jettant les yeux tout au tour de la ſalle, il apperçut un homme aſſis d'un air fort triſte; il ne douta point, que ce ne fût là ce qu'il lui falloit. En un mot, pour être auſſi concis qu'il eſt poſſible dans l'endroit le moins intéreſſant de notre hiſtoire, il l'aborda, le ſonda, le trouva propre à l'exécution de ſon deſſein, lui en fit la propoſition, & le détermina. Enſuite, après avoir remarqué celui qui leur parut avoir été le plus heureux au jeu pendant la ſoirée, ils ſe poſterent dans le lieu le plus avantageux pour ſaiſir l'ennemi au paſſage. Bientôt il fut attaqué, ſubjugué & pillé ; mais le butin ne fut pas conſidérable, il ſembloit que ce Gentilhomme n'eût joué que ſur les fonds publics, & qu'il eût pris la précaution de dépoſer auparavant ſon gain pour éviter tout inconvénient.

Un contre-tems ſi cruel pour Wild, fait ſur nous (& ſans doute ſur notre Lecteur) une ſi vive impreſſion, que nous ſommes hors d'état de continuer pour le préſent notre ouvrage. Nous allons donc reprendre haleine, & terminer enfin ce premier livre.

Fin du premier Livre.

JONATHAN WILD LE GRAND.

LIVRE SECOND.

CHAPITRE PREMIER.

Caractere des gens ſimples. Uſages auxquels ils ſont deſtinés.

CE qui nous a particulièrement déterminés à finir notre premier livre, comme nous avons fait, c'eſt que nous nous trouvons dans le cas de produire ſur la ſcene deux caracteres d'une trempe bien différente de ceux que nous y avons vus juſqu'à présent. Nos nouveaux acteurs sont du nombre de ces bonnes gens, que la nature semble n'avoir semés dans le monde, que comme on jette de petits poissons dans un vivier, pour être dévorés par les gros.

Wild, après avoir partagé le butin à son ordinaire, c'est-à-dire, en retenant pour lui les trois quarts, s'en retournoit tristement chez lui; lorsque par hazard il rencontra un de ses anciens camarades. Thomas Francœur (1) (c'étoit son nom), étoit à-peu-près de l'âge de notre Héros, il avoit été à l'école avec lui, il en avoit même reçu alors quelques pe-

---

(1) Le nom Anglois est *Heart-frée*, ce mot qui revient très-souvent dans cette histoire, nous a paru difficile à prononcer, & nous nous sommes hazardés à le traduire en françois, pour la commodité de nos Lecteurs.

tits ſervices, dont il conſervoit encore la plus vive reconnoiſſance. Il aborda Wild avec joie; & comme il n'étoit que neuf heures du matin, il l'invita à venir déjeûner avec lui.

Wild accepta ſon offre & le ſuivit. Francœur étoit Jouallier, il avoit employé la meilleure partie de ſa petite fortune à ſe faire un fonds, & il commençoit à réuſſir dans ce commerce; une femme aimable qu'il avoit épouſée par inclination, & deux filles encore en bas âge compoſoient ſa famille. Comme notre Lecteur doit faire inceſſamment connoiſſance avec ce perſonnage, il ne ſera pas hors de propos de lui dire un mot de ſon caractere. Ce ſera une eſpece de contraſte qui donnera un nouveau luſtre aux qualités nobles & ſublimes de notre Héros; puiſque l'un ſemble n'avoir été mis dans le monde, que pour faire briller à ses dépens les grands talens de l'autre.

Francœur étoit naturellement plein de droiture & de candeur; il ne soupçonnoit pas même qu'il y eût dans le monde des hypocrites & des trompeurs. Asservi aux préjugés populaires, il avoit la foiblesse d'être compatissant, sensible & généreux. Ses idées sur la justice paroîtront à bien des gens tout-à-fait extraordinaires: il remettoit à ses associés leurs dettes, par la seule raison qu'ils n'étoient pas en état de les lui payer. Il avoit relevé à ses frais le crédit d'un Marchand, qui se trouvoit à la veille de faire banqueroute, parcequ'il étoit convaincu qu'il n'y avoit point de mauvaise foi dans sa conduite, & qu'il étoit moins coupable que malheureux. Il portoit la simplicité au point qu'il n'avoit jamais tiré le moindre avantage de l'ignorance de ceux qui venoient acheter chez lui, & qu'il se contentoit du profit le plus modique : il étoit cependant fort à son aise, parcequ'il vivoit d'une maniere très-frugale ; sa plus grande dépense consistoit à traiter de son mieux ses amis, & à boire de tems en tems quelques verres de vin avec sa femme. Pour celle-ci c'étoit une ame commune, une espece d'automate, ou d'animal domestique, qui se bornoit uniquement au soin de sa famille, & se faisoit un devoir de plaire à son mari, & de bien élever ses enfans. Elle ne connoissoit ni les modes, ni les divertissemens dispendieux : elle sortoit rarement, & c'étoit presque toujours pour aller dans son voisinage, rendre visite à des gens aussi simples qu'elle ; deux fois par an, tout au plus, elle se donnoit, avec son mari, le plaisir de la comédie, & peu curieuse d'y briller, elle prenoit toujours les places où l'on payoit le moins.

Ce fut à cette femme si peu maniérée, que Francœur présenta le grand Wild comme le meilleur de ses amis. La bonne Dame ne sut pas plutôt de son mari les obligations qu'il avoit à son hôte, que ses yeux s'attacherent sur lui avec cette bienveillance qui caractérise le bon cœur, & qui en est une émanation. Or, comme les grands hommes, dont l'ame est trop élevée pour être sensible, ne sauroient concevoir une idée bien juste de la reconnoissance, notre Héros se trompa aux démonstrations de Madame Francœur, & prit tout uniment l'affection qu'elle lui faisoit paroître pour cette passion noble & généreuse qui pétille dans les yeux d'une héroïne moderne, lorsqu'un Colonel, son débiteur, est assez poli pour vouloir bien partager avec elle sa table pendant le jour, & son lit pendant la nuit. Wild répondit d'abord à ces prétendues avances par des regards passionnés, & se mit ensuite à relever ses charmes par les éloges les plus flatteurs. Quoique Madame Francœur fût vertueuse, elle étoit femme; & peut-être prit-elle autant de plaisir que son mari à des louanges aussi intéressantes.

Après qu'on eût fini de déjeûner, & que la maîtresse de la maison se fût retirée pour veiller à son ménage, Wild, qui d'un coup d'œil saisissoit dans les hommes leur passion dominante, voulut tirer parti du caractere de son ami. Il fit adroitement tomber la conversation sur les accidens qui lui étoient arrivés dans son enfance. Il lui rappella, à cette occasion, les petits services qu'il lui avoit rendus, lui témoigna l'amitié la plus ſincere, & lui exprima de la maniere la plus perſuaſive, la joie qu'il reſſentoit de ſe retrouver enfin avec lui. Après ces préliminaires, il lui dit, avec une ſatisfaction affectée, qu'il croyoit avoir un moyen de lui être utile, en le recommandant à un Gentilhomme de ſa connoiſſance, qui étoit ſur le point de ſe marier, & qu'il feroit tous ſes efforts pour l'engager à prendre chez lui les bijoux dont il devoit faire préſent à ſa femme.

Francœur fit de grands remercimens à notre Héros, & après l'avoir inutilement invité à dîner, ils ſe ſéparerent.

Mais comme nous craignons que notre Lecteur ne ſoit ſurpris de ce que M. Wild le pere ait jamais été en état d'entretenir ſon fils dans une école d'une certaine importance ; il eſt bon de lui apprendre que ce M. Wild étoit alors lui-même un marchand fort achalandé, mais qui par des malheurs, c'eſt-à-dire, par des folies, & par un amour exceſſif pour le jeu, avoit été réduit à l'emploi honorable dont nous avons parlé. Ce fait une fois éclairci, nous n'avons plus qu'à ſuivre le fil de notre diſcours.

Wild ſe rendit auſſitôt chez le Comte, & après être convenu avec lui des articles concernant le partage du butin, il lui communiqua le plan qu'il avoit formé contre Francœur : ils l'examinerent & chercherent enſemble les moyens de l'exécuter. Mais avant toutes choſes, il falloit mettre le Comte en liberté : le point capital étoit de trouver de l'argent, non pas pour payer ſes dettes, elles étoient trop immenſes, & il n'en avoit ni le pouvoir, ni la volonté, mais pour se procurer une caution : car de s'échapper comme la premiere fois, il n'y falloit pas penser ; M. Snap avoit si bien pris ses précautions, que la chose étoit absolument impossible.

CHAPITRE II.

Wild, avec sa magnanimité ordinaire, dupe Bagshot, & imagine un stratagême admirable pour dévaliser Francœur, par le moyen du Comte, & pour priver le Comte de sa part du butin.

WILD s'étoit mis dans la tête de tirer de Bagshot l'argent dont il avoit besoin. Il savoit que cet honnête homme, outre ce qu'il lui avoit pris, possédoit encore une somme considérable, qu'il avoit gagnée au jeu le jour précédent. Bagshot étoit dans l'attente de sa caution; lorsque Wild l'aborda d'un air sombre, & lui dit que tout étoit perdu, que le Comte l'avoit reconnu, & qu'il n'auroit pas manqué de le poursuivre en justice, s'il ne l'en avoit empêché ; enfin, ajouta-t-il, je suis venu à bout de l'engager à se désister, à condition que vous lui rendrez son argent : c'est à vous, répondit Bagshot, à le lui rendre, car vous savez combien peu j'en ai retiré pour ma part. Comment, reprit Wild, est-ce ainsi que vous me marquez votre reconnoissance pour vous avoir sauvé la vie ? Après tout, votre conscience doit vous reprocher votre crime, & ce Gentilhomme peut produire contre vous les preuves les plus évidentes. Tant pis pour vous, lui dit Bagshot, je ne suis pas le seul en danger, & je connois des gens qui sont pour le moins aussi coupables que moi. En bonne foi, est-ce à vous à me parler de conscience ? Oui, faquin, répondit notre Héros en le prenant à la gorge, & puisque tu oses me menacer, je te ferai voir la différence qu'il y a entre commettre effectivement un vol, & former un ſimple projet qui peut n'avoir aucune exécution : c'eſt-là tout ce dont on peut m'accuſer. J'avouerai ſeulement que quand tu m'as montré cet argent, je t'ai ſoupçonné de ne l'avoir pas acquis par des moyens légitimes. Comment, dit Bagshot, preſque hors de lui-même, & avec la derniere ſurpriſe, comment, vous pourriez nier... Oui, maraud, répondit Wild, je nie tout, produis-moi des témoins, ſi tu l'oſes, & pour te faire voir combien je redoute peu tes efforts, je vais tout-à-l'heure t'accuſer de vol.

A ces mots, il fit ſemblant de le quitter; mais Bagshot le retint par ſon habit, & le pria, en tremblant, de prendre un peu de patience. Rends donc l'argent, coquin, s'écria Wild, & peut-être aurai-je pitié de toi. Que voulez-vous que je rende, répondit Bagshot?

Tout ce que tu as, reprit Wild. Comme Bagshot sembloit hésiter, Wild feignit encore de gagner la porte, & se mit à jurer, d'une maniere si énergique, que son ami ne balança pas davantage. Il souffrit patiemment que Wild fouillât dans ses poches, & qu'il en tirât vingt-une guinées & demie. Notre Héros lui rendit généreusement la demie guinée, en lui disant qu'il pouvoit dormir en sureté, mais qu'il se gardât bien une autre fois de menacer les gens.

Ainsi, notre Héros acheva cette grande entreprise, dont il dut tout le succès aux qualités transcendantes qu'il avoit reçues de la nature. Une audace intrépide, un ton impérieux, une contenance ferme & assurée lui suffisoient pour opérer de pareils prodiges.

Après cette expédition, il mit prudemment onze guinées dans sa poche, porta les dix autres au Comte, lui jura que c'étoit tout ce qu'il avoit pû tirer de Bagshot, & lui promit qu'avec cet argent, il lui trouveroit une caution.

Il lui tint parole, M. Wild le pere, & le Gentilhomme, son collegue, s'engagerent pour quatre guinées, à répondre pour le Comte, & notre Héros eut encore six guinées pour ses peines. Personne n'étoit plus intelligent en affaires; & quiconque traitoit avec lui, étoit ordinairement sa dupe.

Le Comte ayant recouvré sa liberté, la premiere chose qu'il fit, pour se donner un certain crédit, fut de louer une grande maison toute meublée, dans un des plus beaux quartiers de la ville. Dès qu'il y fut établi, on eut soin de le fournir de domestiques, d'équipages, & de tout ce qui pouvoit annoncer au Public, la fortune la plus considérable, & en imposer au pauvre Francœur. Quand tout fut prêt, Wild rendit une seconde visite à son ami, & lui apprit avec joie, qu'il avoit reussi dans ses démarches ; que le Gentilhomme prendroit chez lui les bijoux dont il avoit besoin ; qu'il pouvoit aller dès le lendemain matin chez le Comte, & lui porter un assortiment des plus riches pierreries. Il lui donna en même tems à entendre que le Comte n'étoit pas fort connoisseur, & qu'il en pourroit tirer le prix qu'il voudroit. Mais Francœur lui répondit froidement qu'il auroit honte de profiter jamais d'un pareil avantage ; & après avoir témoigné à son ami toute sa reconnoissance, il lui promit de se rendre chez le Comte à l'heure marquée.

Je ne doute pas que le Lecteur, pour peu qu'il ait quelque notion de la véritable grandeur, ne trouve ce jeune homme un peu trop sot, pour s'intéresser aux malheurs qui sont prêts à fondre sur lui : car, ne pas avoir le moindre soupçon qu'un ancien camarade fût assez perfide pour le tromper, après lui avoir donné tant de marques de tendresse & de bienveillance ; en un mot, être assez borné pour imaginer qu'un ami, de son propre mouvement, & sans aucune vue d'intérêt, cherchât à lui rendre service, tout cela prouve tant d'imbécillité, si peu d'usage du monde, un cœur si neuf, si simple & si innocent, qu'un tel homme doit paroître, aux yeux des gens d'esprit, la plus vile de toutes les créatures, & l'objet le plus propre à exciter le mépris.

Wild se ressouvint néanmoins que ces défauts étoient plutôt dans le cœur, que dans la tête de son ami; que, quelqu'incapable qu'il fût de faire à personne la moindre injure, ce n'étoit pourtant pas un butor qu'on pût tromper grossierement, à moins que son cœur ne fût de moitié, & ne le trahît. Il fit part au Comte de ses observations à cet égard, & lui conseilla de ne prendre à la premiere entrevue, qu'une seule pierre, & de rejetter les autres, comme n'étant pas assez fines, en demandant qu'on lui en rapportât de plus belles. Il prétendoit que, par cette manœuvre, Francœur ne seroit pas surpris de ne point recevoir le prix du diamant qu'il lui auroit laissé, & qui seroit vendu sur le champ; que de l'argent qui en proviendroit, joint à celui qu'il pourroit tirer

tirer de ſes heureux talens pour le jeu, on formeroit une ſomme ſuffiſante pour donner à Francœur un à-compte honnête, lors de la livraiſon entiere de ſes pierreries; que, par ce moyen, le bon homme n'auroit aucun ſoupçon, & ne manqueroit pas de faire crédit pour le reſte.

On verra dans la ſuite que, par cet arrangement, Wild ſe propoſoit en même-tems, & de tromper Francœur, & de redreſſer le Comte. Cette double maniere de duper ceux mêmes dont on ſe ſert pour duper les autres, eſt le ſuprême dégré de la grandeur; & un homme capable de l'imaginer approche, autant qu'il eſt poſſible, de la perfection des Puiſſances infernales.

Ce projet fut auſſitôt exécuté. Le Comte ne prit effectivement qu'un ſeul brillant, qui pouvoit valoir environ cinq cens livres ſterlings, & convint avec Francœur qu'il lui apporteroit ſept jours après un collier, des boucles d'oreilles, & un ſolitaire du prix de quatre mille livres.

Dans cet intervalle, Wild, toujours occupé de ſon deſſein, cherchoit quelques fripons qui puſſent lui en faciliter le ſuccès. Il fit bientôt recrue de ſept coquins déterminés & capables des entrepriſes les plus périlleuſes.

Nous avons obſervé que la marque caractériſtique de la grandeur eſt l'inſenſibilité. Wild étoit convenu avec le Comte que celui-ci lui cederoit les trois quarts du butin ; mais il étoit en même-tems convenu avec lui-même, qu'il feroit tout au monde pour s'emparer encore de l'autre quart. Il penſoit auſſi à ſe rendre maître de la ſomme qui devoit être remiſe au marchand : & pour y parvenir, il décida que les pierreries ſeroient portées l'après-midi ; que le Comte feroit attendre long-tems Francœur ; que la nuit le ſurprendroit, & qu'alors, deux de ſes coupe-jarrets ſe jetteroient ſur lui, & le dévaliſeroient.

CHAPITRE III.

Rencontre imprévue. Entretien galant. Situation délicate, le tout accompagné de ſentimens héroïques.

LE Comte avoit vendu ſon diamant, & 400 livres ſterlings qu'il en avoit tirées monterent bientôt par ſon induſtrie à une ſomme de mille livres, qu'il donna à compte à Francœur, lorſqu'il lui eût remis les autres bijoux qu'il lui avoit demandés, en l'aſſurant qu'il lui payeroit le reſte dans le courant du mois. Sa maiſon, la magnificence de ſon train, &, plus que tout cela encore, un certain air de candeur dans ſes diſcours & dans ſes manieres, auroient trompé tout autre que notre Jouallier. Il n'y a gueres que le grand homme, qui, en pareille circonſtance, ſente intérieurement des ſoupçons qui l'avertiſſent & l'empêchent de donner dans le piége, &, par malheur pour lui, Francœur n'étoit point un grand homme.

Il n'eut aucune peine à faire le crédit qu'on lui demandoit; mais, comme il avoit été obligé de prendre ces pierreries chez un de ſes aſſociés, parcequ'il n'étoit pas en état de fournir par lui-même des effets de cette conſéquence, il ſupplia le Comte de vouloir bien lui faire un billet payable à certain jour; le Comte le fit auſſitôt de la meilleure grace du monde. Francœur ayant donc reçu mille livres en argent ou en billets de banque, & une obligation pour trois mille cinq cens livres, se retira bien charmé que Wild l'eût adressé à un homme si plein de sentimens & de noblesse.

Dès qu'il fut parti, Wild, qui attendoit dans une chambre voisine, entra chez le Comte, & cet honnête homme lui remit fidèlement la cassette qui renfermoit les diamans : car on étoit convenu qu'elle seroit déposée entre ses mains, attendu que c'étoit lui qui avoit imaginé le plan de l'intrigue, & que, par conséquent, il devoit avoir la meilleure part au profit. Wild offrit au Comte d'en faire sur le champ le partage ; mais celui-ci avoit une telle confiance dans la probité de notre Héros, qu'il le refusa, en disant que rien ne pressoit, & qu'ils partageroient aussi-bien le lendemain matin. Ce délai fit grand plaiſir à Wild, & après s'être arrangé là-deſſus, il ſe hâta de ſe rendre à l'endroit où les deux coupe-jarrêts avoient ordre d'arrêter Francœur. Ces Meſſieurs s'acquitterent noblement de leur commiſſion. Ils attaquerent l'ennemi, lui enleverent ſon argent, & le laiſſerent pour mort ſur le pavé.

Auſſitôt que l'affaire fut faite, notre Héros, trop ſage pour abandonner long-tems un pareil butin à la diſpoſition des honnêtes gens qu'il avoit employés, ſuivit de près les vainqueurs. Lorſqu'ils furent en lieu de ſureté, Wild, ſelon l'accord qu'ils avoit fait précédemment enſemble, ſe ſaiſit des neufs dixiemes de la priſe: ce ne fut pas néanmoins ſans quelques difficultés de la part de ces Héros ſubalternes; mais Wild fit tant par ſes raiſonnemens, par ſes imprécations, & par ſes menaces, qu'il les força à remplir leurs engagemens.

Notre Héros avoit heureuſement achevé cette entrepriſe, & pour ſe récréer un peu, après tant de fatigues, il alloit ſe rendre chez ſa belle maîtreſſe, lorſque le haſard lui offrit une jeune Dame de ſa connoiſſance. Molly-Stradle, qui prenoit l'air ſur le port, l'ayant apperçu, l'aborda avec cette familiarité ſi ordinaire aux gens du bon ton, lui frappa ſur l'épaule, & lui demanda s'il vouloit payer chopine. Le Héros, quoiqu'il aimât paſſionnément la belle Lettice, n'étoit pas de ces nigauds ſcrupuleux & mal élevés, qui s'attachent ſervilement à une femme, & dont la petite ame eſt aſſez ignoble pour ſe piquer de conſtance. Il accepta la propoſition, entra avec elle dans un cabaret, & demanda une chambre en particulier. Bientôt il s'anima, & devint entreprenant; mais ce fut sans succès : la Belle lui déclara nettement qu'elle ne lui accorderoit pas la moindre faveur, qu'il ne lui eût fait auparavant quelque présent. Wild la satisfit : elle céda ; & il fut aussi heureux qu'il pouvoit le desirer.

La passion excessive dont notre Héros brûloit pour sa chere Lettice, ne lui permettoit pas de perdre beaucoup de tems avec Mademoiselle Stradle : aussi malgré toutes les caresses de cette tendre amante, il prit un prétexte pour descendre l'escalier, & s'en alla sans avoir pris congé d'elle, non plus que du Cabaretier, à qui elle fut obligée de payer l'écot.

Wild étant arrivé chez M. Snap, n'y trouva que Mademoiselle Théodosie. Cette jeune nymphe s'amusoit à manier le fil & la soie, à l'exemple de Pénélope ; avec cette différence, pourtant, que la Princeſſe Grecque défaiſoit la nuit ce qu'elle avoit fait le jour : au lieu que notre héroïne moderne faiſoit tout le contraire. Elle étoit actuellement occupée à raccommoder une paire de bas bleus à coins couleur de roſe : circonſtance que nous aurions peut-être paſſée ſous ſilence, ſi elle ne faiſoit voir qu'il ſe trouve encore, dans ce ſiecle, des Dames qui ne rougiſſent pas d'imiter la ſimplicité des Anciens.

Wild, après les premiers complimens, lui demanda des nouvelles de ſa bien aimée : elle n'eſt pas ici, répondit Théodoſie, & je ne ſais pas où vous pourriez la trouver. Eh bien ! reprit-il, je l'attendrai, je veux abſolument la voir : mon deſſein eſt de l'épouſer, & je ne ſortirai pas que je n'aie obtenu ſon conſentement. En effet, sa passion pour Lettice étoit on ne peut pas plus honnête. Il avoit, pour sa personne, des desirs si violens, qu'il brûloit de les satisfaire à quelque prix que ce fût. Tout en parlant ainsi, il tira l'écrin de sa poche, & jura qu'il étoit rempli de pierreries, dont il prétendoit faire un présent à sa maîtresse.

Mlle Théodosie n'avoit pas le défaut si commun parmi les sœurs, de se porter envie, & de faire mutuellement tout ce qu'elles peuvent pour troubler leur bonheur. Touchée d'un discours aussi expressif, elle pria Monsieur Wild de s'asseoir, tandis qu'elle iroit elle même chercher sa sœur : elle sortit en même - tems, & laissa notre amoureux dans la cuisine, dont elle ferma la porte aux verroux ; (notez que dans cette maison, les portes étoient faites de maniere qu'on pouvoit les fermer presque toutes en dehors). Ensuite faiſant beaucoup de bruit à la porte de la rue, elle monta furtivement dans une chambre, où Mademoiſelle Lettice étoit ſecrettement en conférence avec M. Bagshot. L'ayant tirée à part, elle lui rendit compte de ce que lui avoit dit M. Wild, & n'oublia pas ſur-tout l'article des diamans. Lettice dit auſſitôt à Bagshot, qu'une jeune Dame demandoit à lui parler; qu'elle reviendroit dans le moment, & que, pour lui donner une marque de ſa confiance, & malgré les ordres de ſon pere, elle ne vouloit pas l'enfermer. Bagshot promit ſur ſon honneur de l'attendre, & de ne pas abuſer de ſa bonté.

Nos deux Dames deſcendirent le plus doucement qu'elles purent, & ſe rendirent auprès de Wild. Mais hélas! Lettice, la chaſte Lettice, ne put elle-même ranimer, dans ſon amant, cette joie qu'il avoit fait éclater d'abord en présence de Théodosie : il venoit de faire une découverte cruelle ; il s'étoit apperçu qu'il n'avoit plus la bourse, qui avoit été volée à Francœur, & dont effectivement Mademoiselle Stradle s'étoit emparée à son insu & dans la chaleur de la conversation. Cependant, comme il étoit maître de ses mouvemens, il sût bientôt cacher, sous un air riant, & son malheur, & le dépit qu'il lui causoit. Il reçut Lettice avec transport, & débuta par les choses du monde les plus spirituelles & les plus galantes.

Cette aimable personne avoit, entr'autres bonnes qualités, trois passions dominantes : la vanité, l'amour, & l'avarice. Elle avoit, pour satisfaire la premiere, M. Smirk & compagnie ; M. Bagshot, &c. pour assouvir la seconde, & notre Héros avoit seul l'honneur & l'avantage d'entretenir la derniere. Sa maniere de se conduire, à l'égard de ces trois sortes d'amans, n'étoit pas, à beaucoup près, la même. Elle étoit vive & coquette avec le premier; folle & extravagante avec le second; froide & réservée avec le troisieme. Elle prit alors un air composé, & dit modestement à Wild qu'elle étoit fort aise de ce qu'il se repentoit de la maniere indigne dont il l'avoit traitée dans leur derniere entrevue; que ses procédés envers elle avoient été si monstrueux, qu'elle auroit dû ne jamais le revoir; qu'elle mouroit de peur que tout son sexe ne lui sût mauvais gré de la foiblesse dont elle se rendoit coupable, en changeant de résolution; qu'elle ne l'auroit jamais fait, si sa sœur, qui étoit présente, & qui pouvoit le lui certifier, (ce qu'elle fit aussitôt avec serment,) ne l'avoit trompée en lui faisant entendre que c'étoit une Dame de ses amies qui la demandoit.

Wild crut qu'il étoit tems de lui donner une preuve plus convaincante de ſon affection, en lui préſentant le précieux écrin qu'il tenoit entre ſes mains. Lettice, bien perſuadée qu'il ne formoit plus de deſſeins contre ſa vertu, & que ſes propoſitions étoient telles qu'une femme d'honneur pouvoit les écouter, voulut répondre; mais comme elle héſitoit, Théodoſie prit la parole : oh! pour le coup, ma ſœur, lui dit-elle, c'en eſt trop; je ne puis vous voir plus long-tems vous contrefaire. Tenez, M. Wild, ſoyez sûr qu'elle a pour vous la plus violente paſſion du monde. Oui, ma ſœur, puiſque je vois clairement que Monſieur n'a que des deſſeins honnêtes, ſi vous diſſimulez encore, je vais trahir votre ſecret, & lui révéler tout ce que vous m'avez dit. O! ma ſœur, reprit Lettice, en rougiſſant, ceſſez des diſcours qui m'outragent, ou je vous quitte dans le moment ; je ne me ſerois pas attendue à un pareil procédé de votre part.

Auſſitôt Wild tomba à ſes genoux, lui prit tendrement la main, & lui dit tout ce que le Lecteur peut imaginer, & dont il n'eſt pas beſoin de l'inſtruire. Il lui offrit l'écrin, elle le refuſa poliment : il l'offrit une ſeconde fois, elle lui demanda en minaudant, ce qu'il contenoit. Wild l'ouvrit & en tira ... le dirai-je ? un de ces colliers, dont, à la fête de Saint Barthelemi, on décore Taleſtris, Anne de Boulen, la Reine Eliſabeth, & quelques autres grandes Princeſſes dans les farces qu'on donne au peuple pour l'amuſer. Il étoit compoſé de cette pâte que Derdœus, cet ingénieux Bijoutier, vend à un prix modique aux petits maîtres du ſecond ordre. Car, pour découvrir enfin la verité, après avoir fait mille excuſes à notre Lecteur, de la lui avoir ſi long-tems cachée ; le Comte, par un excès de prudence, craignant que quelque accident n'empêchât Wild de revenir au tems marqué, avoit ôté de l'écrin les véritables diamans, les avoit mis ſagement dans ſa poche, & avoit ſubſtitué ceux-ci en leur place. Ces pierres artificielles, quoique d'un prix égal pour un Philoſophe, & d'une valeur peut-être encore plus grande pour un amateur des ouvrages de l'art, n'avoient pas cependant les mêmes charmes aux yeux de Lettice, qui, malheureuſement, étoit connoiſſeuſe en ces ſortes de bijoux. M. Snap, conſidérant, avec raiſon, qu'une pareille connoiſſance devoit entrer pour beaucoup dans l'éducation d'une Demoiſelle, dans un ſiecle où les jeunes perſonnes n'apprennent gueres autre choſe qu'à s'habiller & à ſe parer, avoit placé de bonne heure Mademoiſelle Lettice en qualité de fille de boutique, ou si vous voulez de servante, chez un usurier fameux, & qui prêtoit charitablement sur gages.

A la vue de ce collier, notre amante devint furieuse, & d'une voix de tonnerre, elle traita de coquin le Héros infortuné, qui, pénétré de confusion, gardoit un morne silence, & marquoit encore moins de surprise, que de honte & d'indignation de s'être laissé ainsi attraper comme un sot. Enfin, ayant recouvré ses esprits, il jetta l'écrin au milieu de la chambre, se saisit de la clef qui étoit sur la table; & sans faire aucune réponse aux invectives dont ces deux Dames l'accabloient à l'envi, il gagna promptement la porte, & courut à la maison du Comte.

CHAPITRE IV.

Wild, après bien des recherches inutiles, fait ſur ſon malheur un diſcours moral, qui, s'il eſt bien entendu, peut ſervir de modele dans le beſoin.

LE plus fier laquais de la plus haute Dame de qualité n'auroit pas frappé avec plus de violence, que Wild, à la porte du Comte. On lui ouvrit ſur le champ, & un valet fort bien vêtu lui répondit que ſon maître n'étoit pas au logis. Wild, peu ſatisfait de cette réponſe, chercha dans toute la maiſon, mais ce fut inutilement : il parcourut enſuite tous les tripots, toutes les tavernes, ſans pouvoir trouver le Comte. Ce Gentilhomme avoit pris congé de ſa maiſon au même inſtant que Wild l'avoit quitté : muni d'une paire de bottes & d'un cheval de poſte, il étoit parti ſeul avec précipitation, & avoit fait tant de diligence, qu'il devoit être actuellement à plus de vingt milles de Londres, du côté de Harwick.

Wild, voyant que toutes ſes perquiſitions n'aboutiſſoient à rien, ſe retira dans l'endroit où il avoit coutume de ſe livrer à la contemplation, c'eſt-à-dire, dans un Cabaret. Quoiqu'il n'eût pas un ſol, il demanda une pinte de punche, & s'étant aſſis ſur un banc, il fit avec lui-même le monologue ſuivant.

O combien eſt vaine la grandeur des hommes ! A quoi ſervent les talens ſupérieurs, & ce noble mépris que nous affectons pour les loix qui contiennent le Vulgaire ? puiſque nos projets les mieux concertés sont à tout moment exposés à mille inconvéniens. O combien est malheureux l'état d'un Chevalier d'industrie! Non, la prudence humaine ne sauroit prévenir toutes les tromperies & se tenir continuellement en garde contre les trompeurs. Il en est comme du jeu d'échecs : tandis que le Roi, le Cavalier, ou le Fou sont occupés à former quelque grande entreprise, un indigne Pion interrompt & déconcerte tout leur projet. Il eût été bien plus avantageux pour moi d'observer tout simplement les maximes de l'amitié & de la morale, que de ruiner un ami pour le profit des autres. Oui; mais ce n'étoit pas là mon dessein. Si je n'ai rien à me reprocher dans ma conduite, dois-je, comme une femme, ou comme un enfant, m'amuser, les bras croisés, à déplorer un contre-tems, qui n'est que l'effet du hazard ? Ne peut-on pas du moins m'accuser d'un peu de négligence ? N'ai-je pas agi imprudemmenr, en mettant des coquins à portée de me tromper ? Mais il m'étoit possible de faire autrement ; & c'est en cela qu'un fripon est plus malheureux qu'un autre. Un homme prudent peut conserver sa bourse dans une presse, en tenant ses mains sur ses poches ; mais tandis qu'un fripon a ses mains dans la poche de son voisin, comment veut-on qu'il fasse pour défendre les siennes ? En effet, considéré sous ce point de vue, personne n'est plus à plaindre que le fripon ; il acquiert avec péril, il possede avec inquiétude, & de la maniere du monde la plus incertaine. Qui pourroit envier un pareil état ? En quoi donc consiste la grandeur ? Elle consiste, répondra un Chevalier d'industrie, dans le témoignage secret, que nous rend notre conscience, des actions mémorables que nous avons faites : témoignage glorieux, qui nous charme intérieurement, & qui seul suffit pour animer un grand homme, quel qu'il soit. C'est-là ce qui le met au dessus de la haine des particuliers & de l'exécration du Public ; &, pendant qu'il est maudit & détesté de tout le genre humain, c'est-là ce qui entretient au fond de son cœur la satisfaction la plus sensible. Car enfin, quel autre motif, que cette satisfaction intérieure, pourroit inspirer à des hommes riches & puissans de quitter leur maison, de sacrifier leur repos, leurs biens, leurs plaisirs ; de s'exposer au hazard de perdre, dans un clin d'œil, tout ce que la fortune leur a si libéralement accordé ; de se mettre en un mot à la tête de ce qu'on appelle une armée, pour molester leurs voisins, pour exercer contre des hommes comme eux, le rapt, le vol, le meurtre & le carnage ? Quel autre motif, que cette ſublime paſſion, a pû exciter ces Tyrans de l'Aſie, qui nageoient dans l'or & les délices, à dépouiller de leur liberté, des peuples qui travailloient avec ſoumiſſion pour aſſouvir leur luxe & qui adoroient à genoux leur orgueil & leurs caprices ? Quel autre motif pourroit perſuader à un Chevalier d'induſtrie de rejetter tout les moyens d'acquérir, d'une maniere ſure & honnête, de quoi vivre dans l'abondance, & d'aimer mieux enfreindre les loix de ſon pays, en hazardant ſa propre vie, & en s'expoſant, comme dit le Vulgaire, à perdre l'honneur, dans l'eſpoir d'un avantage toujours incertain, & ſouvent modique & dangereux ? Que dois-je donc conclure de tout ceci ? ſinon que j'ai été ſage, quoique ſans ſuccès, & que je ſuis un grand homme, quoique malheureux.

Wild finit à la ſois & ſon diſcours & le punche, dont il buvoit de tems en tems un petit coup, pour ſe remettre en haleine. Il lui vint alors dans l'eſprit qu'il auroit plus de peine à le payer, qu'il n'en avoit eu à le boire. Il s'occupoit de cette idée, lorſque, par bonheur, il apperçut dans un coin de la ſalle un de ceux qu'il avoit employés dans ſon entrepriſe ſur Francœur. Il ne douta point qu'il ne voulût bien lui prêter une guinée ou deux; mais s'étant approché de lui, il eut la mortification d'apprendre que le jeu avoit dépouillé le pauvre homme de tout ce que lui avoit laiſſé ſa libéralité : il ſe vit donc forcé de recourir à ce qu'il pratiquoit ordinairement en pareille occaſion. Il enfonça fierement ſon chapeau, & ſortit bruſquement ſans dire un mot, & ſans que perſonne osât lui faire la moindre queſtion.

CHAPITRE V.

Aventures ſurprenantes, & dont notre Héros vient heureuſement à bout.

LAISSONS notre Héros ſe repoſer un moment : & voyons ce qui ſe paſſe chez M. Snap. Après le départ de Wild, la belle Théodoſie avoit repris ſon ouvrage, & Lettice étoit remontée chez Bagshot : mais ce Gentilhomme ne lui avoit pas tenu parole. Il étoit deſcendu, s'étoit caché derriere la porte de la rue, & avoit profité de la ſortie de Wild pour ſortir auſſi lui-même, & ſe mettre en liberté. La ſurpriſe de Lettice fut d'autant plus grande, que malgré ſa promeſſe, elle avoit toujours pris la ſage précaution de tourner la clef ; mais le trouble où elle étoit l'avoit empêchée de la tourner suffisamment, & la porte étoit restée malheureusement ouverte.

Qui pourroit se peindre la situation déplorable de notre héroïne ! elle venoit en même-tems de perdre un amant chéri, & de blesser un pere tendre, de la maniere la plus sensible. M. Snap avoit répondu sur son honneur de la personne de son prisonnier, & pour comble d'infortune, deux des amis de Bagshot, gens très solvables, s'étoient engagés par écrit, à lui servir de caution.

Mais détournons nos regards d'un spectacle si triste, & revenons au Héros de notre histoire.

Après avoir inutilement cherché Mlle Stradle, M. Wild, avec une grandeur d'ame inconcevable, & le maintien le plus assuré, vint dès le matin chez Francœur, dans un tems où des amis vulgaires se seroient fait un devoir de l'oublier & d'éviter sa rencontre. Il entra d'un air de gaité qui fit bientôt place à la surprise, quand il vit son ami en robe de chambre, la tête enveloppée, le visage pâle & livide par la grande quantité de sang qu'il avoit perdu.

On lui apprit ce qui étoit arrivé : il en parut fort affligé, & s'emporta contre les voleurs aux invectives les plus véhémentes. Francœur, touché des impressions que sembloit faire son malheur sur l'esprit de son ami, chercha à le calmer, autant qu'il lui fut possible, en exagérant en même-tems les obligations qu'il lui avoit. Sa femme ne manqua pas aussi de lui témoigner toute sa reconnoissance. Ils déjeunerent ensemble, avec plus de plaisir qu'ils ne devoient s'en promettre après un pareil accident. Francœur avoua dans la conversation qu'il avoit eu le bonheur de sauver le billet du Comte. Il ajouta, que la perte de cet effet auroit été pour lui l'évenement le plus funeste : car, disoit-il, il faut en convenir, j'ai déja souffert quelques pertes, qui ont un peu dérangé mes affaires ; & quoique bien des gens de qualité me doivent des sommes considérables, je suis sûr que j'aurois beaucoup de peine à trouver le moindre crédit. Wild le félicita sur cet heureux incident, & se mit à déclamer contre les gens de qualité qui doivent aux pauvres marchands, & qui ne payent pas leurs dettes.

Pendant qu'ils s'entretenoient ainsi, & que Wild méditoit en lui-même, s'il emprunteroit quelque argent à son ami, ou s'il le voleroit, ou comment il s'y prendroit pour faire l'un & l'autre; l'apprentif de Francœur lui apporta un billet de banque: Il venoit de le recevoir d'une Dame, qui, disoit il, étoit dans la boutique, & qui, ayant choisi quelques pierreries, vouloit le changer, pour en faire l'acquisition. Francœur regardant au dos du billet, vit *l'endossement* du Comte, & se rappella aussitôt, que c'étoit un de ceux qui lui avoient été volés. Il fit part de sa découverte à Wild, qui, sans se déconcerter, & sans changer de couleur, (qualité essentielle à un grand homme) l'écouta tranquillement, lui conseilla de se conduire avec circonspection dans cette affaire; & lui dit, que, comme lui M. Francœur n'étoit pas assez de sang froid dans le moment présent, il ne demandoit pas mieux que de tenir sa place, & de parler à cette femme, pourvû que ce fût en particulier; qu'il feroit semblant d'être le maître de la maison, & que, sous quelques prétextes plausibles, il tâcheroit de tirer d'elle les moyens de s'assurer du voleur, & peut-être de recouvrer le vol. Francœur approuva cet ingénieux expédient.

Wild monta aussitôt dans une chambre, où l'apprentif conduisit la jeune Dame; l'apprentif eut ordre de se retirer, & Mademoiselle Molly Stradle, car c'étoit elle-même, resta seule avec M. Wild. Celui-ci ayant fermé la porte, s'approcha d'elle en fureur, lui reprocha la bassesse de son procédé, employa pour la convaincre des traits de morale, dont nous ferons grace au Lecteur, & termina le discours le plus pathétique, par lui demander quelle compassion elle croyoit être en droit d'attendre de lui. La Dame qui avoit eu une excellente éducation, & qui avoit plus d'une fois comparu devant le grand Baillif, nia froidement tout ce qu'on lui imputoit, & protesta qu'elle avoit reçu ce billet d'un de ses amis. Wild alors élevant la voix, la menaça de la faire arrêter ; mais, ajouta t il, en changeant de ton : comme j'ai toujours eu pour toi, ma chere Stradle, la plus tendre affection, si tu veux m'en croire, je te promets, sur mon honneur, de tout oublier & de te tirer d'affaire. Eh ! que voudriez-vous que je fisse, Monsieur Wild ? répondit Molly d'un air plein de charmes. Il faut que vous sachiez, répliqua Wild, que cet argent que vous m'avez escamoté (car, parbleu, c'est vous qui me l'avez dérobé, & si vous osiez le nier, j'ai en main de quoi vous confondre) je l'avois gagné au jeu à un drole, qui vraisemblablement l'avoit volé à mon ami. Or, tout ce que j'exige de vous, c'eſt de rendre plainte contre un certain Thomas Fierce, & d'affirmer, avec ſerment, que c'eſt lui qui vous a donné le billet dont il s'agit, je me charge du reſte. J'eſpere, ma chere amie, que vous ſaurez quelque gré à un homme, qui, par ce moyen, fait tourner à votre avantage ce qui naturellement devoit cauſer votre perte.

Molly promit tout: Wild l'embraſſa tendrement, lui donna encore quelques inſtructions ſur la maniere dont elle devoit ſe conduire, & l'ayant priée de l'attendre un moment, il revint trouver Francœur, & lui rapporta que tout étoit découvert; que cette femme lui avoit avoué quel étoit celui dont elle tenoit le billet, & qu'elle étoit prête à dépoſer contre lui devant le Juge. Il ajouta, qu'il étoit bien fâché de ne pouvoir pas être auſſi de la partie, parcequ'il étoit obligé d'aller à l'autre bout de la ville, pour recevoir trente livres ſterlings qu'on devoit lui payer dans la journée. Francœur lui répondit qu'il n'étoit pas néceſſaire d'aller ſi loin, & que s'il vouloit ne le pas quitter, il lui avanceroit cette ſomme. Une offre auſſi obligeante fut acceptée, & Wild, Francœur, & la jeune Dame ſe rendirent enſemble chez le Juge.

On décerna d'abord une Sentence de priſe de corps contre M. Fierce, & l'Officier qui étoit chargé de la mettre à exécution, ayant ſu de la Dame, qui en avoit été elle-même inſtruite par Wild, quels étoient les endroits que fréquentoit le plus ordinairement l'accuſé, n'eût pas de peine à s'en ſaiſir. Fierce fut confronté avec Mademoiſelle Stradle, & comme celle-ci déclara très affirmativement que c'étoit lui-même, &

qu'elle le reconnoissoit, quoiqu'elle ne l'eût jamais vu, il fut envoyé sur le champ à Newgate. A peine y fut-il arrivé, qu'il le fit savoir à Wild, & ce bon ami vint dès le soir même lui rendre visite.

Il affecta de prendre un intérêt sensible au malheur de son ami, il s'en fit raconter toutes les circonstances, & répondit d'un air étonné, qu'il falloit qu'on l'eût pris pour un autre, puisqu'il n'avoit jamais vû ni connu cette femme : que pour le billet, il l'avoit payé lui-même à un Marchand, & qu'il feroit tous ses efforts pour démêler cette intrigue ; qu'il alloit trouver Mademoiselle Stradle ; qu'il l'engageroit, s'il pouvoit, à se désister de sa plainte, qui cependant, disoit-il, n'étoit pas assez sérieuse, pour lui causer aucune inquiétude ; que d'ailleurs il lui trouveroit trois témoins, qui prouveroient l'*alibi*, & cinq ou six autres qui lui donneroient des attestations de bonne conduite; qu'ainsi, il ne devoit pas avoir la moindre appréhension, & qu'enfin, le pis qui pouvoit lui arriver, seroit de rester en prison jusqu'aux prochaines Sessions.

Fierce entiérement consolé par les assurances que lui donnoit son ami, lui en fit mille remercimens: tous deux se prirent réciproquement la main, & se séparerent après s'être embrassés de tout leur cœur.

Notre Héros ne pouvant se dissimuler, que le seul témoignage de Mademoiselle Stradle ne suffiroit pas pour faire pendre Fierce, ainsi qu'il le souhaitoit, parceque c'étoit un de ceux qui lui avoient refusé opiniatrement, dans le butin, la portion qu'il avoit ſtipulée; alla trouver un Monſieur Sly qui avoit partagé avec Fierce l'honneur de l'expédition contre Francœur, & lui dit, que ſon camarade venoit d'être arrêté; qu'il appréhendoit que ce coquin ne le chargeât, comme complice, & qu'il lui conſeilloit de prendre les devants, & de ſe rendre lui-même ſon accuſateur. Sly approuva l'idée de M. Wild, & ſe préſenta devant le Juge, qui l'envoya à Gate-houſe (1), ſous promeſſe de l'admettre en témoignage, contre ſon compagnon.

L'affaire fut inſtruite, Fierce étoit ſur le point de ſubir ſon jugement en préſence du grand Baillif; il ſe flattoit d'un heureux ſuccès : quand, à

(1) Priſon à Londres.

ſa grande confuſion, ſon ancien ami Sly comparut contre lui, & confirma la dépoſition de Mademoiſelle Stradle. Il n'avoit plus d'eſpérance, que dans le ſecours que notre Héros lui avoit promis. Il ſe trompoit encore, tout conſpiroit à ſa ruine; &, comme il ne pouvoit rien alléguer pour ſa défenſe, il fut bientot convaincu, condamné, & exécuté.

C'eſt ainſi, que Wild ſavoit ſe jouer des paſſions des hommes, en les oppoſant adroitement les uns aux autres, & en faiſant ſervir à ſes vues, les jalouſies & les craintes qu'il avoit l'art d'exciter dans les cœurs, par le moyen de ces qualités ſublimes, que le Vulgaire appelle trahiſon, menſonge, diſſimulation, fauſſeté; mais que les Grands Hommes comprennent ſous la ſimple dénomination de *politique ;* art qui met le comble à la perfection de la nature humaine, & que peut-être personne n'a jamais possedé aussi éminemment que notre Héros.

CHAPITRE VI.

Des Chapeaux.

WILD avoit formé une troupe composée de Joueurs sans ressource, de Marchands Banqueroutiers, d'Apprentif fainéans, de jeunes gens perdus de débauche, qui n'ayant point de fortune, & n'étant accoutumés, ni au commerce, ni à aucune autre profession, ne demandoient pas mieux que de pouvoir vivre à leur aise & sans se fatiguer. Tous ces Messieurs avoient differens principes, c'est-à-dire, qu'ils portoient des chapeaux differens. Deux partis sur-tout dominoient parmi eux; les uns portoient des chapeaux retroussés & retapés; ceux des autres ressembloient à des couvercles de marmites, & leurs bords extremement larges, venoient leur tomber ſur les yeux. Cette différence excitoit preſque toujours des railleries, des querelles, & des animoſités. Wild voulut y mettre ordre : & le jour qui ſuivit l'exécution du malheureux Fierce, il convoqua une aſſemblée générale dans un Cabaret; & jugeant de la façon de penſer de ſes camarades, par la conduite qu'ils tenoient les uns envers les autres, il leur parla ainſi, avec beaucoup de douceur, mais de la maniere la plus ſolide & la plus convaincante (1).

---

(1) Ce diſcours contient quelque choſe de fort myſtérieux. Le chapitre qu'a fait Ariſtote, ſur ce ſujet, & dont nous parle un Auteur François, * pourroit jetter quelque lumiere ſur cet endroit ; mais malheureuſement ce chapitre ne ſe trouve que dans les ouvrages perdus de ce Philoſophe. Il eſt à remarquer, que le mot *Galerus*, dont les Latins ſe ſervoient pour exprimer un chapeau, ſignifie auſſi un Chien de mer, comme le mot

* Moliere.

N'est-il pas honteux, Messieurs, que des gens qui se sont dévoués à une entreprise aussi glorieuse, que celle de dévaliser le Public, s'amusent à disputer si follement entr'eux? Croyez vous donc, que les premiers inventeurs des chapeaux, ou plutôt ceux qui en ont imaginé les formes, aient pensé sérieusement, qu'un chapeau de telle ou telle façon pût inspirer à l'un la Théologie, à l'autre la Jurisprudence, à celui-ci la Littérature, à celui-là la bravoure? Non,

---

grec κυνεν signifie la peau de cet animal, dont j'imagine que les chapeaux ou les casques des anciens étoient fabriqués, de même que les nôtres le sont à présent de poils de Castor & de Lapin. Sophocle, dans son Ajax, fait allusion à la coutume de tromper en fait de chapeau; & le Scholiaste nous parle, en cet endroit, d'un certain Crephonte qui étoit maître passé en cet art. Il faut encore remarquer que, dans le premier livre de l'Iliade, Achilles dit, en colere, à Agamemnon, qu'il

Messieurs, ils n'ont cherché par ces signes extérieurs, qu'à en imposer au Vulgaire. Pour les Grands Hommes, ils n'ont pas besoin d'acquérir ou de cultiver ces talens, il suffit qu'ils veuillent bien en arborer le type ou la figure. Vous faites donc sagement, lorsque dans une grande foule, vous amusez les Badauds par de pareilles niaiseries: parceque tandis qu'ils vous écoutent, *grands yeux ouverts*, *bouche béante*, vous pouvez plus aisément & plus su-

avoit des yeux de chien. Or, comme les yeux du chien sont plus beaux que ceux de la plupart des autres animaux, ce terme ne pouvoit être injurieux; il vouloit donc dire qu'Agamemnon avoit un chapeau, qui, peut-être pouvoit avoir quelque marque d'infamie, soit à cause de l'animal dont il avoit été formé, soit pour quelque autre raison. Cette opinion superstitieuse peut avoir donné lieu à la coutume, qui s'est depuis introduite chez toutes les Nations, de marquer son respect

rement leur couper la bourſe. Mais entretenir, tout de bon, parmi vous, des diſſenſions auſſi triviales, ce ſeroit, en vérité, la plus haute folie, & le comble de l'abſurdité. Vous ſavez, à n'en pouvoir douter, que vous êtes tous des fripons : quelle différence peut mettre entre vous un bord plus ou moins large, ou plus ou moins étroit ? Si le Public eſt aſſez ſot pour s'intéreſſer dans vos querelles, & pour vous préférer les uns aux autres, pendant que vous n'en voulez qu'à ſa bourſe; vous pouvez en rire, à la bonne heure : mais gardez-vous bien d'imiter ſon extravagance. Qu'y a-t-il de plus ridicule pour des gens de no-

---

en ôtant ſon chapeau, & de ne jamais parler à quelqu'un au-deſſus de ſoi, le chapeau ſur la tête. Je finirai cette note ſavante, par obſerver que le terme de vieux chapeaux eſt actuellement uſité par le Vulgaire dans un ſens qui n'eſt pas fort honorable.

tre eſpece, que de ſe diſputer pour des chapeaux, dont le meilleur ne vaut pas quatre ſols ? Après tout, Meſſieurs, à quoi ſert un chapeau, ſi ce n'eſt à couvrir quelque défaut, ou à cacher au Public une tête pelée ? Rien n'eſt plus inutile pour un Gentilhomme ; ce qui le diſtingue, c'eſt d'avoir toujours ſon chapeau bas, & perſonne ne s'aviſe de le mettre ſur ſa tête à la Cour ou dans une aſſemblée. Ainſi que je n'entende plus parler de ces puérilités ; & pour cet effet, mettons tous nos chapeaux en un tas, mêlons les, confondons-les enſemble, & que chacun reprenne, ſans diſtinction, celui qui lui tombera ſous la main.

Il dit, & de grands applaudiſſemens ſuivirent ſon diſcours ; auſſitôt tous les aſſiſtans mirent leurs chapeaux en un tas, les mêlerent & les confondirent enſemble, ainſi qu'il leur avoit été ordonné.

CHAPITRE VII.

Suites naturelles des liaisons que les gens du peuple osent entretenir avec les Grands Hommes. Lettres qui peuvent servir de Protocoles *pour répondre aux demandes d'un créancier indiscret.*

REVENONS maintenant à Françœur : ceux à qui il avoit donné en payement, le billet de trois mille cinq cents livres, le lui rapporterent : on n'avoit pas trouvé l'*Accepteur*, tout le monde assuroit qu'il avoit pris la fuite, & on revenoit en conséquence contre l'*Endosseur*. Cette nouvelle auroit affecté le Financier le plus intrépide ; jugez de l'impression qu'elle fit sur un homme qui se voyoit ruiné sans ressource. Il marqua dans cette circonstance, tant de confusion & de chagrin, que le porteur de la lettre de change en fut effrayé, & qu'il résolut d'en tirer au moins tout ce qu'il pourroit. Dès le soir même, M. Snap fut chargé de rendre une visite à M. Francœur : il la fit avec les formalités requises, & emmena chez lui le pauvre Marchand.

Madame Francœur ne fut pas plutôt instruite de cet événement, qu'elle devint furieuse ; mais après avoir exhalé sa douleur en versant des larmes, & en se livrant aux plaintes les plus touchantes, elle songea aux moyens d'obtenir la liberté de son mari. Elle courut chez ses voisins, pour les prier de se rendre cautions pour lui. Mais la nouvelle de son malheur l'avoit prévenue : elle n'en trouva aucun, excepté un honnête

Quaker, dont le domeſtique n'avoit oſé faire un menſonge, en aſſurant, *que ſon maître étoit abſent.* Elle ne réuſſit pas mieux auprès de ce vertueux perſonnage : car, par malheur il avoit promis la veille, de ne jamais être la caution de perſonne.

Après bien des efforts inutiles, elle ſe rendit auprès de ſon mari, pour le conſoler du moins par ſa préſence. Francœur venoit d'écrire quelques lettres à ſes amis & à ſes débiteurs, & il achevoit la derniere, lorque ſa femme entra. Au moment qu'il la vit, la joie brilla dans ſes yeux ; mais bientôt après le déſeſpoir reprit ſur lui tout ſon empire. Son inquiétude ſur le ſort de ſa famille paroiſſoit malgré lui dans ſes diſcours. Elle, de ſon côté, cherchoit à adoucir ſes peines, en diminuant les pertes qu'il avoit faites, en lui donnant quelques eſpérances à l'égard du Comte, qui, peut-être étoit allé à la campagne, & seroit incessamment de retour, & en lui faisant tout attendre de la part de ses amis, & sur-tout de ceux qu'il avoit personnellement obligés, & à qui il avoit rendu les services les plus essentiels. Toute la grace que je vous demande, lui disoit-elle, c'est de ménager votre santé, & de ne vous pas trop livrer à vos inquiétudes. Mon bonheur dépend uniquement de votre tranquillité; je serai toujours bien, tant que je serai avec vous.

C'étoit ainsi que cette femme foible, & d'un esprit borné, tâchoit de calmer les chagrins de son mari: peut-être eût-elle mieux fait, au sentiment de bien d'honnêtes gens, de les aigrir encore, en lui peignant son infortune des couleurs les plus vives, en lui reprochant la sotte confiance qui la lui avoit attirée, & en déplorant son propre sort, & les

maux

maux qu'elle étoit forcée de souffrir & de partager avec lui.

Francœur fut sensible aux bontés de sa femme, & lui en marqua sa reconnoissance. Ils passerent une heure dans des transports d'une tendresse trop bourgeoise, pour les exposer aux yeux de notre sublime Lecteur. Nous supprimerons donc un récit, qui ne tendroit vraisemblablement qu'à avilir la nature humaine, & à la rendre ridicule.

Cependant les Commissionnaires que Francœur avoit depêchés vers ses amis, revinrent avec leurs réponses. Nous allons en copier ici quelques-unes, pour servir de modele à ceux de la bonne compagnie, qui, comme cela n'arrive que trop souvent, se trouveroient dans le cas de répondre à des importuns, qui leur auroient prêté de l'argent dans le besoin, & seroient assez indiscrets pour leur en demander le payement.

PREMIERE LETTRE.

M. FRANCŒUR,

Milord me charge de vous dire qu'il est très surpris que vous osiez lui demander de l'argent, qui, comme vous savez, ne vous est dû que depuis peu. Quoi qu'il en soit, comme il ne veut plus rien prendre dorénavant dans votre boutique, il m'a ordonné de vous payer aussitôt que j'aurai des fonds; & attendu plusieurs remboursements à faire, pour des billets dont depuis long-tems, &c. il ne m'est pas possible de vous fixer aucun tems, &c, à présent, & je suis votre très humble serviteur.

ROGER MORECRAFT.

SECONDE LETTRE.

MON CHER MONSIEUR,

Vous dites fort bien ; l'argent que vous me demandez vous est dû depuis trois ans. Mais, sur mon ame, je suis actuellement hors d'état de payer un sol : comme je ne doute pas que, dans très peu de tems, je ne puisse, non-seulement satisfaire à ce petit billet, mais aussi employer encore chez vous des sommes beaucoup plus considérables ; je souhaite que ce court délai ne vous cause aucun préjudice : mon cher Monsieur, votre sincere & très humble serviteur.

CHA COURTLY.

TROISIEME LETTRE.

M. FRANCŒUR,

Je vous prie de ne point informer mon mari de la petite dette que j'ai contrac-

tée avec vous ; car, comme vous êtes le meilleur homme du monde, je vous avouerai en confidence qu'il y a longtems qu'il m'a donné l'argent qu'il falloit pour m'acquitter, & que j'ai eu le malheur de perdre au jeu ; vous pouvez être sûr que je vous satisferai, dès que j'en aurai la commodité, & suis, Monsieur, votre très humble servante,

CATH. RUBERS.

Présentez, je vous prie, mes civilités à Madame Francœur.

QUATRIEME LETTRE.

M. THOMAS FRANCŒUR.

MONSIEUR,

J'ai reçu la vôtre ; mais pour la somme y marquée, elle ne sauroit avoir lieu à présent : votre très humble serviteur,

PIERRE POUNCE.

CINQUIEME LETTRE.

MONSIEUR,

Je ſuis ſincerément fâché de ne point être actuellement en état de ſatisfaire à votre demande, ſur-tout, après les obligations que je vous ai, & dont je conſerverai toujours la plus grande reconnoiſſance. Je ſuis vivement touché de vos malheurs, & j'aurois été vous voir: mais je ne me porte pas bien, & d'ailleurs je ne me puis diſpenſer d'aller ce ſoir à Vaux Hall. Je ſuis, Monſieur, votre très humble & très obligé ſerviteur.

CHA EAST.

Il y avoit encore beaucoup d'autres lettres dans le même goût, mais il ſuffit d'en avoir donné cet échantillon à notre Lecteur. Celle de toutes qui fit le plus de peine à Francœur, fut la derniere: elle venoit d'un homme à qui il avoit prêté une somme considérable, dans son adversité, & qui se trouvoit actuellement dans la situation la plus florissante.

CHAPITRE VIII.

Notre Héros porte la magnanimité auſſi loin qu'elle peut aller.

ECARTONS loin de nous l'idée d'une ingratitude auſſi monſtrueuſe, & préſentons à notre Lecteur quelque choſe de moins lugubre. Peignons lui cette mâle aſſurance qu'on peut, avec raiſon, regarder comme le caractere diſtinctif d'une ame ferme, & que rien ne ſauroit déconcerter. Francœur avoit à peine achevé de lire ces lettres deſeſpérantes, que notre Héros parut devant lui. Il n'avoit ni l'extérieur ſoumis d'un Curé, qui aborde ſon Seigneur, après s'être oppoſé à ſon élection ; ni l'air qu'affecte un Medecin, qui apprend à la porte de ſon malade, que, graces à ſes ſoins, le pauvre patient eſt parti pour l'autre monde ; ni la contenance abattue d'un homme, qui, après avoir longtems lutté entre la vertu & le vice, & s'être enfin déterminé pour le dernier, eſt malheureuſement pris ſur le fait, dans ſa premiere friponnerie; mais ſon maintien noble, hardi, magnanime, & plein de confiance, étoit celui d'un homme en place, lorſqu'il aſſure un de ſes protegés, que le poſte qu'il lui avoit promis n'eſt plus vacant, & qu'il eſt actuellement rempli par un autre, qui l'avoit demandé avant lui. Car, de même que l'homme en place ne manque pas de vous reprocher aigrement que vous n'avez perdu l'emploi que vous ſouhaitiez que par votre négligence, & faute de l'avoir ſollicité dans le moment convenable; de même auſſi notre Héros commença par blâmer

Francœur d'avoir fait crédit au Comte, &, ſans lui donner le tems de répondre un ſeul mot, quoiqu'il n'eût d'autre intention que de lui témoigner ſon amitié, il l'accabla d'injures, & le traita beaucoup plus mal, que n'auroit fait l'ennemi le plus déclaré.

Par ce moyen, Francœur, qui, mécontent de Wild, lui auroit peut être rappellé que c'étoit lui-même qui, en l'adreſſant au Comte, l'avoit mis dans cet embarras, n'oſa pas lui faire le moindre reproche; mais, ſemblable à ces Conquérans, qui, lorſqu'ils ſe voyent attaqués dans leurs propres États, raſſemblent autour d'eux toutes leurs forces pour s'oppoſer à l'ennemi; notre Marchand ſe défendit ſi bien, en ſe retranchant ſur la figure que faiſoit le Comte, ſur ſa magnificence extérieure, ſur ſes équipages, que Wild devint enfin plus traitable, & qu'il avoua même que, de tous les hommes, il étoit celui qui devoit le moins censurer les autres pour une imprudence de cette espece; que personne n'étoit plus aisé à duper que lui ; que le Comte l'avoit aussi trompé s'il étoit insolvable, puisqu'il lui devoit une somme de cinq cens livres; mais, pour moi, ajouta-t-il, je ne desespere point encore, & je vous conseille de ne pas desesperer non plus. Ce ne seroit pas la premiere fois qu'on auroit vu des gens obérés se retirer ou se cacher pendant un tems, & payer ensuite leurs dettes, ou du moins, faire avec leurs créanciers, une composition honnête. Or, si la composition a lieu, ce qui est le pis que nous puissions appréhender, je serai le seul qui y perdrai : car je me croirois obligé, en honneur, de vous dédommager, quoique vous ne puissiez vous dissimuler que vous ne devez la perte que vous venez de faire, qu'à votre crédulité. Parbleu ! j'aurois répondu pour vous, si une pareille caution n'eût été au dessus de mes forces. Quelle somme ! .... mais .... en vérité vous aviez donc le diable au corps ?

Madame Francœur, qui auparavant avoit donné mille malédictions à Wild, fut alors parfaitement convaincue de son innocence, & le pria de ne pas insister davantage sur un objet qui affectoit si vivement son mari. Elle lui représenta, que le commerce ne se pouvoit faire sans crédit, & que M. Francœur étoit suffisamment justifié de n'avoir point exigé de l'argent comptant d'un homme tel qu'étoit le Comte en apparence; que des réflexions sur ce qui s'étoit passé, quand on ne pouvoit y remédier, n'étoient d'aucun secours;

qu'actuellement le point capital étoit de remettre son mari en liberté. Eh! dit Wild, que ne se procure-t-il une caution? Hélas! Monsieur, répondit-elle, c'est en vain que nous avons eu recours à la plupart de nos connoissances : nous n'avons éprouvé que des refus, de ceux mêmes dont nous en attendions le moins. Point de caution! reprit Wild: oh! parbleu, il en aura une, s'il en est dans le monde. Il est trop tard aujourd'hui; mais soyez sûr que demain matin, vous aurez de mes nouvelles.

Des promesses aussi flatteuses toucherent sensiblement Madame Francœur, elle en pleura de joie, & dit à Wild, qu'elle voyoit bien qu'il étoit véritablement leur ami. Elle se proposoit de passer la nuit avec son mari, mais il ne voulut pas le permettre, à cause de ses enfans, qu'il ne se ſoucioit pas de confier à des domeſtiques, dans ce tems de trouble & de confuſion.

On envoya chercher un caroſſe, mais inutilement. Les Fiacres ſont comme les amis à la mode, ils ſe préſentent toujours d'eux-mêmes dans le beau tems, & jamais vous ne les trouvez, dès qu'il fait mauvais, & que vous en avez beſoin. Pour des chaiſes à porteur, il n'en étoit pas queſtion; M. Snap habitoit un quartier, où rien n'étoit ſi rare que ces ſortes de voitures. Il fallut prendre ſon parti, & la bonne Dame fut obligée de s'en retourner à pied; Wild, toujours galant, lui offrit de l'accompagner. Nos deux époux ſe dirent tendrement adieu, & M. Snap lui-même, après avoir enfermé Francœur, reconduiſit poliment ſa femme juſqu'au bas de l'eſcalier.

Bien des gens pourroient prendre le change, & regarder la visite que rendit Wild à Francœur, comme un de ces traits que nous avons déja blâmés, & que les Historiens se permettent souvent dans leurs écrits, en ne consultant que leur fantaisie & leurs caprices : un trait de cette espece répugneroit à la grandeur de notre Héros, & il n'en faudroit pas davantage, pour dégrader son caractere, en lui faisant imputer mal-à-propos un retour d'amitié, qui sentiroit étrangement l'imprudence & la foiblesse.

Pour éviter tout inconvénient, nous allons nous expliquer de façon à ne rien laisser à désirer à cet égard. Il faut donc se rappeller que, dès sa premiere entrevue avec Madame Francœur, Wild avoit conçu pour elle une passion, une affection, une amitié ou un desir que les *Agréables* de notre siecle sont convenus d'appeller amour, & qui dans le fond ne ressemble pas mal à cet appétit avide qu'un bon Ministre sent exciter en lui, à la vue d'une longe de veau, ou d'une culotte de bœuf, qu'un homme de bien, qu'il a édifié, lui envoye par reconnoissance : telle & plus vive encore étoit la passion de notre Héros. Depuis le premier instant qu'il avoit jetté les yeux sur un mets aussi délicat, il avoit cherché, dans son esprit, comment il pourroit s'en saisir & le dévorer. Mais persuadé qu'il n'en viendroit à bout qu'après la ruine de Francœur, il avoit résolu de ne faire aucune tentative, qu'il n'eût exécuté dans toutes ses parties le plan qu'il avoit formé : c'est ainsi que ce grand homme conduisoit tous ses projets d'une maniere réguliere & ſublime ; c'eſt ainſi qu'il ſe montroit vraiment ſupérieur à tous les efforts des paſſions, qui déconcertent ſi ſouvent, dans les autres, les vues les plus nobles & les ſyſtêmes les mieux imaginés.

CHAPITRE IX.

Grandeur de Wild. Scene triviale entre Madame Francœur & ses enfans. Projet étonnant, & digne de la plus grande admiration.

Dès que Wild eut éloigné de son mari Madame Francœur, l'objet de sa flamme, ou pour continuer la métaphore, ce mets délicieux qui excitoit si vivement son appétit, son premier dessein fut de la mener dans une de ces honnêtes maisons de Covent Garden, où les jeunes gens trouvent, à tout prix, de quoi rassasier leur goût pour le plaisir. Mais il craignoit qu'elle ne se rendît pas assez promptement à ses desirs, & que, par une trop grande précipitation, il ne se vît pour jamais frustré de ses espérances. Dans cette perplexité, il lui vint heureusement dans l'esprit une idée qui le mettoit en état de satisfaire, à la fois, & sa passion & son intérêt. Il se contenta donc d'accompagner Madame Francœur jusques chez elle, & après mille protestations de service & d'attachement pour elle & pour son mari, il se retira en lui promettant de venir la prendre le lendemain de bonne heure, pour la reconduire chez M. Snap.

A peine l'eut-il quittée, qu'il se rendit dans un Cabaret, où il trouva quelques personnes de sa connoissance; il y passa le reste de la nuit à boire & à se divertir. Les malheurs de Francœur le touchoient foiblement, & ne l'empêchoient pas de se livrer aux plaisirs & à la débauche. Son ame étoit si véritablement grande, que rien ne pouvoit l'émouvoir. Une ſeule crainte troubloit un peu ſa tranquillité naturelle : il appréhendoit que Mademoiſelle Lettice, avec qui il n'étoit pas trop bien, n'allât s'aviſer de faire quelque découverte : comme il n'avoit pû la voir de toute la ſoirée, il crut devoir lui écrire une lettre fort tendre, & qui contenoit les promeſſes les plus avantageuſes ; mais ſans lui dire un ſeul mot de ſon aventure avec le Comte : car il tenoit pour maxime de n'inſpirer jamais à qui que ce ſoit l'envie de nuire, en lui apprenant qu'il eſt en ſon pouvoir de le faire.

Quant à Madame Francœur, elle paſſa toute la nuit ſans fermer l'œil. L'abſence de ſon mari lui cauſoit autant de chagrin, qu'une femme *du bon ton* en pourroit éprouver au retour du ſien, après un long voyage.

Dès le matin elle fit venir ses deux filles, & l'aînée lui ayant demandé où étoit son cher papa, elle ne pût s'empêcher de répandre quelques larmes; l'enfant qui s'en apperçut lui dit: ne pleurez pas, maman; je suis sûre que papa seroit ici, s'il en étoit le maître. A ces mots elle prit sa fille entre ses bras, se jetta dans un fauteuil & s'écria: non, mon enfant, toute la malice de l'enfer ne sauroit nous séparer plus long-tems.

Nous n'avons rapporté ces petites circonstances, qui ne pourront gueres intéresser que cinq ou six de nos Lecteurs, que pour faire voir qu'il y a dans la vie commune des foiblesses, qui sont absolument étrangeres aux Grands Hommes, & dont ils n'ont même aucune idée. De plus notre dessein, en exposant ainsi de pareilles extravagances, est de relever d'autant plus, & de faire ressortir cette grandeur inconcevable, dont nous tâchons de tracer le tableau dans cette histoire.

Wild revint comme il l'avoit promis, & trouva, en entrant dans la chambre, la mere assise, une de ses filles dans ses bras & l'autre à ses genoux. Après lui avoir fait les complimens ordinaires, il la pria de renvoyer ses enfans, parcequ'il avoit à l'entretenir d'une affaire de la derniere importance.

Dès qu'ils furent seuls, elle lui demanda avec empressement s'il avoit enfin trouvé la caution dont il l'avoit flattée. Il répondit qu'il n'avoit encore fait aucune démarche, parcequ'il avoit imaginé un projet, au moyen duquel elle pourroit conserver & son mari & sa fortune ; qu'il étoit d'avis qu'elle ſe retirât ſur le champ en Hollande avec ſes effets les plus précieux, avant que la banqueroute fût déclarée en juſtice ; qu'il l'accompagneroit dans ce voyage, & qu'après l'avoir miſe en ſureté, il reviendroit travailler à la délivrance de ſon mari, qu'il mettroit aiſément en état de s'arranger avec ſes créanciers. Il ajouta, qu'il ſortoit de chez M. Snap, qu'il avoit communiqué ſon projet à M. Francœur, qu'il l'avoit approuvé, & qu'il la prioit de l'exécuter ſans délai, parcequ'il n'y avoit pas un moment à perdre.

Ce prétendu conſentement de ſon mari ne permit pas même à la pauvre femme de délibérer ; elle ne demanda qu'un inſtant pour l'aller voir & prendre congé de lui. Wild s'y oppoſa & lui dit, qu'en retardant un moment, elle riſqueroit la ruine de ſa famille ; qu'elle ne ſeroit ſéparée de Francœur que pour quelques jours ; qu'au reſte, ſi elle n'avoit pas aſſez de réſolution pour ſuivre les ordres qu'il lui portoit de ſa part, elle alloit s'expoſer au danger le plus éminent ; qu'il ne lui reſteroit aucune reſſource, & que, pour lui, il ne vouloit plus ſe mêler de cette affaire.

Elle propoſa de prendre avec elle ſes enfans. Wild lui repréſenta que ce ſeroit s'embarraſſer mal-à propos, qu'ils pourroient retarder leur fuite, & qu'il valoit bien mieux les envoyer à leur pere.

Madame Francœur ſe laiſſa enfin perſuader : elle ramaſſa promptement tout ce qu'elle put trouver de précieux ; elle embraſſa ſes enfans, les recommanda au ſoin d'une fidele domeſtique, & monta avec Wild dans un Fiacre qui les conduisit bientôt à une hôtellerie, où ayant pris un carrosse à six chevaux, ils partirent pour Harwich.

Le cœur de notre Héros nageoit dans la joie: il étoit sûr, (du moins il se le figuroit,) de posseder à la fois une femme charmante, & une riche pacotille. En un mot il jouissoit en idée, de tout le bonheur que pouvoient lui promettre une passion effrénée & une avarice sans bornes. Pour la malheureuse qui devoit satisfaire ces deux passions, elle employoit toutes les facultés de son ame à réflechir sur la situation de son mari & de ses enfans; à peine lui échappoit-il une parole, & ses beaux yeux versoient un torrent de larmes, qui, si j'ose hazarder cette expression, étoient pour Wild un assaisonnement délicieux, qui enflammoit de plus en plus ses desirs.

CHAPITRE X.

Voyage sur mer. Aventures neuves & surprenantes.

Nos voyageurs trouverent, en arrivant à Harwich, un vaisseau prêt à faire voile pour Rotterdam. Ils s'embarquerent aussitôt & partirent par un vent favorable ; mais à peine eurent-ils perdu de vue le rivage, qu'il s'éleva tout à coup une furieuse tempête, qui les poussa vers le Sud-Ouest, avec tant de rapidité, que le Capitaine & tout l'équipage crurent qu'ils alloient immanquablement donner contre les bancs de sable de Goodwic, & regarderent leur perte comme inévitable. Madame Francœur, qui n'appréhendoit la mort, que parcequ'elle devoit la séparer pour toujours de son mari & de ses enfans, se mit à genoux pour implorer la faveur du Ciel. Ce fut alors que Wild, méprisant généreusement le danger, conçut un dessein magnanime, & vraiment digne de lui. Il voyoit que la mort, ce tyran impitoyable, étoit sur le point de lui arracher une proie qu'il couvoit, pour ainsi dire, des yeux, & qu'il n'avoit encore dévorée qu'en imagination ; il jura qu'il la préviendroit, & dans l'instant, il eut assez de courage, pour attaquer une femme plongée dans le plus affreux désespoir. Il eut d'abord recours aux sollicitations, il en vint ensuite à la force ouverte.

Dès que Madame Francœur eut compris son dessein (car l'état où elle étoit, & la bonne opinion qu'elle avoit de Wild, l'empêcherent pendant long-tems d'entendre ce qu'il vouloit lui dire), elle le repoussa, en lui faisant tous les reproches que l'indignation & l'horreur pouvoient lui inspirer. Mais, comme il employoit la violence, elle remplit la chambre de ses cris; ils étoient si perçans, qu'ils parvinrent aux oreilles du Capitaine, dans le moment, où, par bonheur, la tempête commençoit à s'appaiser; cet homme naturellement compatissant, & qui n'avoit d'autre grossiereté que celle qu'il tenoit de son éducation & de l'élement qu'il habitoit, courut aussitôt à son secours. Il la trouva étendue sur le plancher, éplorée, furieuse, & se débattant entre les bras de notre Héros. Son premier soin fut de l'arracher à son ravisseur, qui se vit enfin forcé de lâcher prise, pour se défendre lui-même.

Le combat fut court, & Wild auroit eu certainement l'avantage, s'il n'eût été accablé par le nombre de ceux qui se rangerent lâchement du côté du Capitaine. Celui-ci demanda, en jurant, à notre Héros, s'il n'avoit donc aucun sentiment de Religion, pour insulter ainsi une femme au milieu de la tempête. L'autre lui répondit fierement, & en grand homme, qu'il pouvoit dire actuellement tout ce qu'il lui plairoit; mais qu'il vouloit être pendu, s'il n'en tiroit satisfaction, dès qu'il seroit à terre. Le Capitaine, méprisant un pareil propos, ne lui répliqua que par une injure; & l'ayant jetté hors de la chambre, il y enferma Madame Francœur, qui l'en avoit prié, & retourna au soin de son vaisseau.

La tempête avoit cessé ; il ne restoit plus que ce frémissement des flots qui suit le gros tems, lorsque des Matelots découvrirent un Bâtiment à quelque distance. Le Capitaine jugea que ce pouvoit être un Armateur François, (car alors l'Angleterre étoit en guerre avec la France,) & fit déployer toutes les voiles pour tâcher de l'éviter.

Ses précautions furent inutiles ; le peu de vent qu'il faisoit étoit directement contraire. Le Bâtiment approcha & fondit bientôt sur nos Anglois : ceux-ci n'étoient pas en état de lui résister : ils se rendirent au premier coup de canon. Le Capitaine François, accompagné de quelques-uns des siens, vint à bord du vaisseau Anglois, enleva tout ce qu'il y avoit de meilleur, & sur-tout la cassette de la pauvre Madame Francœur. Ensuite ayant amené avec lui l'équipage & les deux passagers, il fit couler à fond le vaisseau qui ne valoit pas la peine d'être conduit à Dunkerque, & ne conserva que la chaloupe, parceque la sienne étoit si délabrée, qu'elle pouvoit lui manquer au besoin.

Ce Capitaine, jeune & galant, devint bientôt amoureux de sa belle captive, & croyant, sur quelques mots qui lui étoient échappés, que Wild étoit son mari, malgré l'aversion qu'elle lui marquoit par ses regards, il lui demanda en françois depuis quand elle avoit épousé ce Gentilhomme. Madame Francœur, qui entendoit cette langue, lui repartit, en jettant un profond soupir, & en versant des larmes, qu'elle étoit effectivement mariée, mais non pas avec cet infâme, qui seul étoit la cause de tous ses malheurs. Cette réponse excita la curiosité du Capitaine ; il lui fit tant d'instances, que ne pouvant plus y tenir, elle lui raconta ingénument toute son histoire. Ce récit toucha tellement le Capitaine, qui vraisemblablement n'avoit pas une idée bien juste de la grandeur, qu'indigné contre notre Héros, il résolut de le punir ; & dans l'instant même, sans avoir égard aux loix de la guerre, il le fit descendre dans la mauvaise chaloupe, après lui avoir donné une demi-douzaine de biscuits pour prolonger son infortune, & l'abandonnant à la merci des flots, il continua sa route.

CHAPITRE XI.

Conduite merveilleuſe de Wild dans la chaloupe.

IL eſt à préſumer que c'étoit le deſir de ſe rendre agréable à Madame Francœur, qui avoit porté le Capitaine à cet acte extraordinaire de juſtice. Il avoit conçu pour elle la même paſſion que Wild, & il n'étoit pas moins déterminé à la ſatisfaire de façon ou d'autre. Laiſſons le ſoupirer auprès de l'objet de ſes vœux, & voyons ce que fait notre Héros dans ſa chaloupe, puiſque c'eſt au milieu de l'adverſité, que la véritable grandeur brille avec plus d'éclat.

Qu'un Prince environné de lâches courtiſans, qui s'empreſſent à l'envi à flatter ses passions, ou à exalter sa puissance; qu'un Conquérant à la tête de cent mille hommes prêts à exécuter ses volontés quelque ambitieuses, quelque effrenées, quelque cruelles qu'elles soient, se laissent aveugler par leur orgueil, & s'élevent infiniment au dessus de ces vils mortels, qu'ils méprisent, & qui sont pourtant les instrumens de leur gloire, rien n'est si facile à comprendre : mais qu'un homme dans les chaînes, au fond d'un cachot, conserve toujours la dignité de son caractere; qu'il se montre par la noblesse de sa conduite, supérieur à tous ceux qui, aux yeux du Vulgaire, paroissent plus heureux que lui; que dans l'état le plus desespéré, la Providence semble travailler en sa faveur, & veiller d'une maniere particuliere à sa conservation : c'est un de ces mysteres de la grandeur, qui ne peuvent être parfaitement compris, que par un adepte & un homme profondément versé dans cette ſcience.

Pourroit-on ſe figurer une ſituation plus horrible, que celle de notre Héros, flottant au milieu des mers dans une chétive chaloupe, ſans mât, ſans voile, & toujours près de ſe voir englouti par les vagues? Sort affreux, mais préférable à la certitude où il étoit de mourir de faim, pour peu que le calme durât encore quelque tems.

Ce grand homme, dans un état ſi funeſte, commença par vomir des blaſphêmes dont notre Lecteur, ſans être trop ſcrupuleux, frémiroit d'horreur. Il accuſoit l'amour, les femmes en général, & ſur-tout Madame Francœur qu'il regardoit comme la malheureuse occasion de ce qu'il souffroit actuellement ; enfin, s'appercevant qu'il s'avilissoit trop en se livrant à des plaintes indignes de lui, il s'arrêta tout-à-coup, & après un moment de silence, il exhala ainsi sa fureur :

Parbleu ! on ne peut mourir qu'une fois : que m'importe ? tout homme est né pour mourir ; & quand il est mort, tout est dit. Je n'ai jamais rien craint, commencerai-je à craindre en ce moment ? Non, certes, non ; pourquoi craindrois-je ? je n'en mourrai pas moins. Eh ! bien, morbleu ! mon parti est pris.

En achevant ces mots, il jetta un regard menaçant, mais se rappellant aussitôt qu'il étoit seul, & qu'il n'y avoit là personne qu'il pût intimider, il se calma, reprit un visage moins terrible, & continua en ces termes :

O ſort cruel ! ſi j'allois être damné ! il eſt vrai que je n'ai jamais cru un mot de Religion ; que je me ſuis toujours moqué de cette doctrine , & que j'en ai fait ſouvent l'objet de mes plaiſanteries ; il faut cependant l'avouer, cela pourroit bien être : car je ne ſache rien qui puiſſe prouver le contraire. S'il y avoit un autre Monde, je ſerois perdu, rien n'eſt plus sûr : on ne me pardonneroit jamais ce que j'ai fait contre Francœur. Je deviendrois indubitablement la proie du Diable : du Diable ! bon ! je n'ai jamais été aſſez imbécille, pour en avoir peur. C'eſt une maxime reçue parmi nous autres fripons, que quand nous ſommes morts, tout eſt fini pour nous. Mais... bien des gens mieux inſtruits ſont d'une opinion très-différente ſur cet article . . . . mon plus grand malheur, ce me ſemble, eſt d'exiſter.... S'il n'y a point d'autre Monde, ma condition ne ſera pas pire que celle d'un arbre, ou d'une pierre; mais.... s'il y en avoit un.... Oh! parbleu! je ne veux plus y penſer; que d'autres craignent la mort, pour moi j'oſe la regarder en face. Mais, quoi! reſterai-je ici les bras croiſés, & me laiſſerai-je mourir de faim? Non, je veux manger les biſcuits, que ce faquin de François m'a laiſſés; enſuite j'irai boire dans la mer, puiſque le maraud ne m'a pas donné une goutte d'eau.

Après avoir ainſi parlé, il ſe mit à exécuter ce qu'il avoit réſolu; & comme c'étoit un homme ferme dans ſes projets, il n'eut pas plutôt achevé ſa petite proviſion, qu'il ſe précipita dans les flots la tête la premiere.

CHAPITRE XII.

Des proverbes. Morceau curieux, & qui renferme la plus fine Littérature.

Nous ne pouvons, mon cher Lecteur, ne pas profiter de la circonstance pour faire sentir toute l'utilité qu'on peut tirer de cette espece de Littérature, qu'on appelle proverbes. Le proverbe n'est autre chose qu'un court aphorisme, dans lequel des génies du premier ordre ont renfermé les plus belles découvertes de l'art & de la nature, pour nous les rendre plus *portatives*, & les imprimer plus aisément dans notre mémoire. Aussi, après les Sages qui ont eu le mérite d'inventer ces maximes précieuses, personne n'a plus de droit à notre reconnoiſſance, que ceux qui ont pris la peine de les recueillir. Si l'on a prodigué à Eraſme les plus grands éloges à ce ſujet, l'inimitable éditeur des bons mots de Joſeph Miller, nous paroît bien digne de les partager : on peut aſſurer que ce recueil ingénieux renferme quantité d'avis utiles & de préceptes excellens, qui peuvent s'appliquer à tous les évenemens de la vie : le Lecteur en jugera par quelques exemples (1).

Les plus grands hommes font quelquefois des fautes : mais leurs fautes ſont autant de leçons, *qui apprennent aux autres l'art de tromper leur prochain.*

---

(1) Nous avons cru devoir abréger ce Chapitre, qui paroît contenir une critique peut-être ingénieuſe, mais peu intéreſſante pour un Lecteur François.

Les argumens ſont parmi les hommes, ce que ſont les os parmi les chiens ; ils ne ſervent qu'à les exciter à ſe déchirer les oreilles : *donc un argument eſt un os de contention.*

Un malade a tort de faire ſon Médecin ſon héritier. *On prévient, en cet endroit, qu'il n'eſt pas raiſonnable d'intéreſſer un homme à nous nuire, quand il en a le pouvoir.*

Un homme ſenſible, & une femme ſilencieuſe, font la meilleure converſation. *Ceci nous apprend que la femme qui parle le mieux, eſt celle qui ne dit mot.*

Un jeune homme qui devient amoureux d'une Courtiſane, peut être regardé comme quelqu'un qui s'endort dans une étable à cochons. *On obſerve ici la parité ou la reſſemblance qui ſe trouve entre une étable à cochons & une Courtisane.*

Nos charettes ne sont jamais plus mal employées, que quand des carosses les accompagnent : c'est-à-dire, *lorsqu'on mene à Tyburn un voleur pour le pendre.*

Cinq choses sont fort agréables en voyage ; de l'argent dans sa poche, un bon chemin, un bon lit, un beau tems, une hôtesse accommodante ; si elle étoit jolie, tout n'en iroit que mieux. *On a réuni ici dans l'espace de deux ou trois lignes cinq choses excellentes.*

Mais c'est trop long-tems s'arrêter sur de pareilles matieres ; peut-être même avons-nous offensé, sans le vouloir, quelques personnes qui s'effarouchent de tout, & qui ne manqueront pas de faire des applications malignes, & auxquelles nous n'avons jamais penſé. Revenons à notre Héros, qui, ſans doute, au grand étonnement du Lecteur, confirme en ce moment la vérité du proverbe qui dit que *celui qui doit être pendu, ne ſera jamais noyé*. Ce proverbe, tout trivial qu'il eſt, ne fut jamais mieux placé que dans cette occaſion.

CHAPITRE XIII.

Notre Héros échappe à la mort, d'une maniere étrange & cependant naturelle.

WILD s'étant jetté dans la mer, comme nous l'avons dit, fut quelques momens après replacé dans sa chaloupe. Il n'est point ici question du Dauphin d'Amphion, ni des autres animaux marins, qui, semblables à ces porteurs de chaise que nous voyons à la porte d'un Caffé attendre un joli homme, que la crainte de se crotter empêche d'aller à pied, sont toujours aux ordres des Poètes ou des Historiens, & s'empressent, au premier signal, de transporter leur Héros au-delà des mers. Nous n'aurons point recours au prodige dans cette circonstance, & nous suivrons ſcupuleuſement ce précepte d'Horace :

Nec Deus interſit, niſi dignus vindice nodus ;

c'eſt-à-dire : *Gardez-vous bien d'employer un agent ſurnaturel, quand vous pouvez vous en paſſer.* Or, comme les cauſes naturelles ſont plus à notre portée, ce ſera, s'il vous plaît, par leur moyen que nous tâcherons d'expliquer une aventure auſſi extraordinaire. Il eſt bon, avant toutes choſes, de révéler à notre Lecteur quelques ſecrets dignes de ſa curioſité, & qui pourront le mettre en état de comprendre certains phénomenes, qui paroiſſent aſſez ſouvent ſous notre hémiſphere.

Il faut donc ſavoir que notre bonne mere Nature eſt, de toutes les perſonnes de ſon ſexe, la plus obſtinée, & la plus invinciblement attachée à ce qu'elle s'eſt une fois propoſé ; auſſi rien n'eſt-il plus certain que cette obſervation :

Naturam expellas furcâ licet, uſque recurret ;

qu'il n'eſt pas néceſſaire de traduire en françois, parcequ'elle ſe trouve dans un ouvrage que lit journellement *la bonne compagnie*, & qu'elle ſe pique d'entendre. Ainſi quand une fois la Nature a formé un projet, rien au monde ne ſauroit en arrêter l'exécution. Or, quoi qu'en diſe un obſervateur ſuperficiel, il eſt certain qu'il n'y a perſonne qui, en naiſſant, n'ait une deſtination particuliere. Tous les hommes ſont de deux eſpeces : ceux envers qui la Nature eſt aſſez généreuſe, pour leur accorder les qualités qui les rendent capables de jouer le rôle auquel elle les deſtine, & ceux dont elle ne ſe ſert, que pour nous donner des preuves de ſon pouvoir ſans bornes. Salomon lui-même ne pouvoit rendre raiſon de l'élévation de ceux-ci à de certaines places, qu'en supposant que la Nature les y avoit destinés. Des Philosophes du premier ordre les ont désignés par la dénomination honorable d'*hommes naturels*, pour faire voir que de pareils gens sont les favoris de la Nature. En effet, comme elle emploie souvent, pour éxécuter ses desseins, des causes secondes, qui, pour la plupart, paroissent absolument étrangeres à son but, l'esprit humain n'est pas assez pénétrant, pour pouvoir juger de la fin par les moyens. Ainsi il ne sauroit comprendre comment le manége & la suffisance peuvent conduire un homme sans mérite aux emplois les plus importans; comment la flatterie peut faire un Magistrat, & l'impiété ou même l'athéisme, un Prélat, ou un riche Béneficier. Bornés comme nous le sommes, nous ne pouvons raisonner que d'après les effets; & nous serions fort embarrassés, si l'on nous demandoit quelle est l'intention de la Nature, avant que nous en soyons instruits par l'évenement : car il faut avouer qu'au premier coup d'œil, & pour un homme qui n'auroit pas le don de deviner, les talens, la capacité, les connoissances sembleroient devoir être plutôt le partage naturel de la puissance & de l'honneur, que celui de la bassesse & de l'infamie; & cependant l'expérience nous apprend tous les jours le contraire.

Or, la Nature avoit originairement destiné notre Héros à cette élévation fatale, qui, pour tous les Grands Hommes, est la fin la plus convenable, & à laquelle nous devons souhaiter sincerement qu'ils parviennent le plutôt qu'il est possible.

A peine se fut-il précipité dans les eaux, que la Nature en murmurant doucement à ses oreilles, lui conseilla de faire tous ses efforts, pour recouvrer sa chaloupe. Il obéit à cette tendre inspiration, & comme il étoit excellent nageur, il n'eut pas beaucoup de peine à réussir.

Nous nous flattons, premierement, que cet évenement, qui paroît d'abord si extraordinaire, sera regardé comme très-naturel, & que notre relation n'aura point l'air de ce merveilleux qu'on rencontre si souvent dans les ouvrages tels que le nôtre, & qui ne mérite aucune considération, à moins qu'il ne soit absolument nécessaire pour allonger l'histoire, & lui donner une étendue convenable. Nous espérons, en second lieu, que notre Héros sera pleinement justifié du reproche qu'on pourroit lui faire, d'avoir manqué de courage; reproche qui ne seroit que trop capable de flétrir sa réputation, & d'altérer la grandeur de son caractere.

CHAP.

CHAPITRE XIV.

Conclusion de l'aventure de la chaloupe. Fin du second Livre.

NOTRE Héros passa toute la soirée, la nuit, & le jour suivant, dans un état à ne faire envie à personne, si ce n'est peut-être à quelque ambitieux assez insensé, pour tout sacrifier au plaisir de faire parler de lui dans le monde.

Cependant ce grand homme s'amusoit philosophiquement à jurer ou à sifler. La faim & le froid commençoient pourtant à dompter sa fierté, lorsque vers le milieu de la nuit, il crut entrevoir une foible lumiere, que l'obscurité ne lui permettoit pas de prendre pour une étoile. Cette lumiere sembloit ne s'approcher que d'une maniere insensible; enfin elle s'évanouit tout-à-fait. Wild desespéré recommença ses imprécations qui durerent jusqu'au point du jour : alors il découvrit, avec une joie inexprimable, un vaisseau qui venoit vers lui. Ceux qui le montoient l'apperçurent, répondirent à ses signaux, & détacherent leur chaloupe qui l'alla prendre & le conduisit sur leur bord.

Ce vaisseau richement chargé, étoit François ; il venoit de Norwege, & avoit été fort maltraité par la derniere tempête. Le Capitaine, partisan outré de l'humanité, croyoit bonnement, que rien ne sauroit jamais nous dispenser de secourir un malheureux, quoique d'une nation actuellement ennemie de la nôtre. Wild, qui, par cet évenement, se voyoit prisonnier de guerre, inventa sur le champ une histoire capable d'en imposer à cet homme simple. Celui-ci plaignit son infortune, le consola, & lui fit esperer que dès qu'il ſeroit en France, il emploieroit tout ſon crédit pour lui procurer ſa liberté.

Ils voguoient lentement, parcequ'ils avoient perdu leur grand mât. Le tems étoit ſerein, & déja les côtes d'Angleterre commençoient à paroître. Une barque de pêcheurs que Wild apperçut, réveilla en lui l'amour de la patrie : il dit au Capitaine, que s'il vouloit lui rendre ſa chaloupe, & lui faire donner une rame, il ne déſeſperoit pas de pouvoir atteindre ce petit bâtiment ; qu'après tout il n'y avoit point de riſques qu'il ne préférat à la ſervitude. Son courage étoit ſoutenu par la bonne nourriture, & ſur-tout par l'eau-de-vie qu'on lui avoit fait prendre. Il inſiſta avec tant de vivacité, que le Capitaine, après bien des repréſentations, lui accorda ſa demande. Wild, ayant accepté quelques proviſions, prit congé de ſelibérateurs, se remit dans sa chaloupe, & rama si vigoureusement, qu'il fut bientôt à portée de la barque où ses compatriotes le reçurent avec plaisir.

A peine se crut-il en sureté, qu'il pria le maître du bateau de faire voile en diligence vers la ville la plus prochaine; parceque, disoit-il, le vaisseau qu'ils voyoient, étoit un bâtiment François fort mal à son aise, qui s'en retournoit au Havre, & dont il seroit facile de se saisir, s'il se trouvoit dans le port quelque vaisseau prêt à lui donner la chasse. Notre Héros avoit l'ame trop grande, pour ne pas oublier tous les services qui lui avoient été rendus par les ennemis de son pays, & ne pas contribuer généreusement à la ruine d'un bienfaiteur, à qui il devoit la vie & la liberté.

Son conseil fut suivi : on arriva à

Déal (1), où tout Lecteur Anglois sera peut-être aussi fâché, que le fut Wild, de ce qu'il ne se trouva pas un seul vaisseau en état de faire cette expédition.

Ce grand homme étoit libre, il n'avoit plus rien à craindre, il étoit en terre ferme ; un seul inconvénient pouvoit l'inquiéter. Il étoit éloigné de cette ville merveilleuse, où les gens d'esprit trouvent si aisément le secret de fournir, sans argent, à tous leurs besoins. Ses talens suppléoient à tout ; il sut gagner le maître Pêcheur, en lui faisant entendre, qu'il étoit un des plus riches marchands de Londres, & qu'il avoit eu le malheur d'être dépouillé par les ennemis. Le bon homme le crut sur sa parole, le régala de son mieux, & lui prêta mê-

(1) Déal, ville d'Angleterre dans la Province de Kent, au Nord de Douvres.

me quelque argent qu'il n'eut pas honte de lui emprunter. C'étoit-là, comme nous l'avons déja dit, la maniere de voler, dont Wild faisoit le plus de cas; ce petit secours le mit en état de prendre une place au coche, & de se rendre quelque tems après dans une hôtellerie de la Capitale.

Maintenant, mon cher Lecteur, que vous devez être tranquille sur le sort de notre Héros, puisque nous l'avons ramené en bonne santé sur le principal théâtre de sa gloire; trouvez bon que nous revenions un peu sur nos pas, & que nous jettions un coup d'œil sur le pauvre Francœur, que nous avons laissé dans une situation assez desagréable. La conduite de cet infortuné ne sauroit manquer de donner encore un nouvel éclat à celle du génie sublime, dont nous faisons l'histoire.

Fin du premier Tome.

www.ingramcontent.com/pod-product-compliance
Ingram Content Group UK Ltd.
Pitfield, Milton Keynes, MK11 3LW, UK
UKHW022008170726
13837UKWH00001B/50

9 782329 482996